Kai Strittmatter

Vorwärts, Genossen!

Chinesische Sternenfischer

Kai Strittmatter

Vorwärts, Genossen! Chinesische Sternenfischer

Picus Lesereisen

Picus Verlag Wien

Grafische Gestaltung: Dorothea Löcker, Wien
Umschlagabbildung: Pictor
Druck und Verarbeitung:
Druckerei Remaprint, Wien
ISBN 3-85452-778-0

Informationen über das aktuelle Programm
des Picus Verlags und Veranstaltungen unter
www.picus.at

Inhalt

Brief an die Leser

In China leben mehr als 1,3 Milliarden Menschen.

Nehmen wir an, jeder Einzelne von ihnen hätte auch nur ein halbes Dutzend Geschichten auf seiner Seele, die es wert wären, aufgeschrieben zu werden.

Alle verschieden, alle zum Lachen, zum Heulen und zum Staunen.

Das wären dann mindestens sieben Milliarden und achthundert Millionen Geschichten. Auf den folgenden Seiten finden Sie davon siebzehn.

Dieses Buch will das Land nicht erklären. Es will nur erzählen. Von einer Welt im Umbruch. Von Wurzeln und doppelten Böden, von Kollisionen und vom Griff nach dem Himmel. Von dem, was nicht zusammenpasst und doch ein Ganzes ergibt.

Von China.

Außerdem haben sich in dieses Buch ein oberbayerischer und ein italienischer Bauer geschlichen. Die wollte ich dann auch nicht mehr rauswerfen.

Freistoß

Wie China lernte den Fußball zu lieben

Velibor vorn, Milutinovic hinten. Das ist sein Name. Merk dir: »B-O-R-A!« So viel ist sicher, alles andere nicht. Bora sagt: »Nix tu ich. Nix ist besonders. Alles ist besonders. Wie willst du das erklären? So bin ich. Die Leute sagen: Der Typ ist nicht normal. Aber so bin ich. Bora.« Die Leute sagen, Bora sei ein Betrüger, ein Gaukler, ein Clown. Die Leute sagen, Bora sei ein Magier, ein Heiler, ein Messias. Bora sagt: »Puta madre! Was für ein Kaffee!« Südlich der Wolken, im tiefsten Yunnan, da, wo man schon fast nach Burma hinüberlugen kann. Bora, der Tramp, Bora, der Zigeuner. Dem das Glück zwischen den Stollen klebt. Im Jahr 1994, Bora hatte gerade wieder einmal die Lahmen gehend, die Blinden sehend und einen Haufen Fußballpygmäen – diesmal die Amerikaner – zur neuen WM-Überraschung gemacht, da sagte einer seiner Spieler diesen Satz: »Irgendwann wird Bora den Mond trainieren. Und der Mond wird sich dann für die Weltmeisterschaft qualifizieren.« Er hat es getan: Bora hat China zur Fußballnation gemacht.

China. Shenyang. Das Fünf-Meilen-Fluss-Stadion. Am 7. Oktober 2001 um 21.43 Uhr und vierzig Sekunden bleibt in China die Zeit stehen. Unglauben weitet die Augen eines Trainers namens Milu, ein Verteidiger namens Fan Zhiyi fällt mit stummem Schluchzen in sich zusammen, ein anderer Verteidiger namens Li Weifeng rennt über den Platz und brüllt, wie selbst eine Sau nicht brüllen kann, die gerade abgestochen wird: als ersticke er, als gebäre er, ein Brüllen aus urzeitlichen Tiefen, eine Katharsis. Am 7. Oktober 2001 kommt in Shenyang ein Land ein zweites Mal zur Welt, als Fußballnation: Eins zu Null gegen Oman, China darf zur Weltmeisterschaft. 1 : 0. China. In der WM. Zum ersten Mal seit die Kommunisten die befreiten Massen in internationale Stadien schickten, vor 44 Jahren. Zum ersten Mal seit China der Fifa beitrat, vor sieben Jahrzehnten. Braucht er sich nicht wundern, der Trainer, wenn die Verehrung nun ins Religiöse kippt: »Milu hat uns ins Gelobte Land geführt«, schreibt *Xinhua*, die staatliche Nachrichtenagentur, die solche Anbetung normalerweise für Mao Zedong selig reserviert, ein Schwimmer übrigens, dieser Mao, kein Fußballer. Milu ist Bora, Bora ist Milu, spricht sich leichter auf Chinesisch. Kein Schwimmer, dieser Milu, aber auch ein Revolutionär. »Hättet ihr mich halt 44 Jahre früher gerufen«, sagt er.

Gerade ist das Flugzeug in Kunming gelandet und Bora hat vor dem Aussteigen die stehenden Ovationen der anderen Passagiere entgegengenommen, nonchalant lächelnd, sich spielerisch verbeugend. Nun sitzt er im Fonds einer schwarzen Limousine, die ihn durch die Reisfelder Südwestchinas trägt, zum Trainingslager. »Puta Madre!«, diesmal ist es, Hurenmutter hin oder her, ein versonnener Fluch. Bora, der Serbe, flucht stets auf Spanisch, denn seine Heimat seit mehr als dreißig Jahren ist Mexiko. So ihm das Wort »Heimat« überhaupt etwas bedeutet. »Puta Madre … 1,3 Milliarden Menschen«, er schüttelt den Kopf und boxt mich in den Schenkel. Fünfhundert Millionen davon haben vor dem Fernseher gesessen bei dem Spiel in Shenyang. Haben mit ihm die Arme hochgerissen. So was hat auch Bora noch nicht erlebt.

Vor einem Jahrzehnt attestierte die *Süddeutsche Zeitung* Bora Milutinovic, seine »verrückte Weltenbummler-Geschichte« reiche für drei Leben. Nun, ein paar Leben später, hat Bora einen Weltrekord aufgestellt: zum fünften Mal hintereinander ist er bei einer WM dabei – und jedes Mal trainierte er ein anderes Land. Vor China waren es Mexiko, Costa Rica, die USA und Nigeria. Dass er bislang noch nach jeder WM wieder gefeuert wurde, hat seinem Ruf als »einer der letzten Paradiesvögel« (so der *Kicker*) eher genützt. Von den Mexikanern bekam er den »Orden des Aztekenadlers« an die Brust geheftet, von den Nigerianern böse Verwünschungen nachgerufen (»Schlimmster aller Trainer«). Bora hat schon alles gesehen. Aber so etwas wie China noch nicht. »Costa Rica«, sagt Bora, »hat drei Millionen Einwohner.« Mit China gemeinsam hat Costa Rica dies: Es war ein Fußball-Entwicklungsland. Ein Himmelfahrtskommando. Ein Fall für Bora.

China war seine größte Herausforderung. Sagt er. Die Krönung seines Zigeunerlebens. Das größte Volk der Erde. Das zudem den Fußball erfunden haben soll, zwei Jahrhunderte vor Christus, schon damals war es ein Ball aus Leder, so steht es wenigstens auf der Homepage der Fifa. Irgendwann aber kam den Erfindern der rechte Umgang mit dem Ding abhanden, von da an machten sie ihre Nation leiden. Chinas Stadien wurden zum Schauplatz schmerzlicher Demütigungen – aber der Enthusiasmus der chinesischen Fans wurde nicht kleiner, im Gegenteil: Er wuchs sich aus zu einer Leidenschaft von tragischer Größe, zu einem Monster von mal stummer Melancholie, mal herzzerreißender Agonie. Jede Träne für den Fußball eine Träne für die Nation. Die Chinesen gewannen im Pingpong und im Volleyball; sie schwammen, sie sprangen und sie rannten zu Gold – den Massen schien es egal zu sein, sie weinten stets mit ihren Fußballern.

Es gibt in Peking ein Restaurant, da kann man die »Tränen von Seoul« bestellen, das sind kalte Entenfüße in scharfem Senf, benannt nach einer vernichtenden Niederlage gegen den Angstgegner Südkorea. Wer in den letzten Jahren chinesische Fans sah, wie sie sich bei einem Spiel ihrer Nationalmannschaft an die Zäune klammerten, die Gesichter an die Gitter pressend, darin eingegraben die Züge von Angst und Verzweiflung, nur in kurzen Momenten das Aufflackern eines letzten Flehens, wider alle Vernunft, dann wieder Elend und Zorn, der fühlte sich mehr an Bilder von Flüchtlingslagern erinnert als an ein Fußballspiel. Bis der Tag von Shenyang kam und Chinas Staatsfernsehen feierlich eine Offenbarung verkündete: »Endlich! Fußball macht Spaß!« Da musste Bora dämmern, dass er wirklich gewonnen hatte. Bora, der Spaßmacher, über den seine Biografin und beste chinesische Freundin Lily Li sagt: »Das wahre Wunder ist, dass Bora in China überlebt hat.«

China und Bora: so weit auseinander wie Nordpol und Südpol. Was sind sie nicht im vergangenen Jahr über ihn hergefallen, haben ihn attackiert, sich über ihn lustig gemacht, die Nase gerümpft: die Medien, die Funktionäre, die Fans, die Spieler. Da hatte sich die Mannschaft gerade mal wieder in ein paar Freundschaftsspielen blamiert und alle dachten, sie hätten den Kaiser ohne Kleider erwischt. Es sah nicht gut aus für Bora, den Einkauf in der letzten Minute, der den Chinesen vor allem eines beibringen wollte: »Happy soccer« – fröhlichen Fußball. Wie weit der Spaßfußballer Milutinovic und der todtraurige Fußballplanet China voneinander entfernt waren, zeigte sich in jener Pressekonferenz, in der er sich von einem empörten Reporter fragen lassen musste: »Denken Sie eigentlich, Fußball sei ein Spiel?« Eine Anklage. Fußball nämlich hat in China zu sein: Ein Symbol für das Ringen einer Nation um Anerkennung – was jeden Steilpass zum patriotischen Akt macht. Eher unfreiwillig wurde Fußball zum Spiegel der Gesellschaft, mit ihrem Fortschritt, ihren Brüchen und Auswüchsen. Wo Journalisten den Wettbewerb und die Demokratie proben und einfache Fans die herrschenden Funktionäre anpinkeln, wo immer mehr Geld fließt, jeder jeden betrügt und alles käuflich scheint.

Bora aber lächelte wie er seit Anbeginn der Zeit lächelt, fragte in die Runde, ob außer ihm vielleicht noch jemand 271 Länderspiele und vier WM-Teilnahmen aufweisen könne, ließ im Training weiter Fußball-Tennis spielen, bestellte die Mannschaft frühmorgens zum Dauerlauf und fuhr mit ihr stattdessen zum Baden ans Meer. »Viele dachten: Der verarscht uns«, erinnert sich Peng Hongjun, ein Dokumentarfilmer, der das Team ein halbes Jahr lang begleitete. Auch mancher Spieler war irritiert. »Da kommt hier einer an, allein mit seinem Bündel. Das soll ein großer Trainer sein?«, griff Stürmerstar Hao Haidong ihn in aller Öffentlichkeit an. »Lässt uns im Training ein wenig Tennis spielen, hat keinen Plan – was soll der Quatsch?«, fragte Hao und offenbarte den Zusammenprall zweier Welten: »Gib uns Disziplin!«, forderte er Bora auf. Viele flüchteten sich in die alten Abwehrreflexe: Der versteht China nicht, unsere Kultur, unsere Mentalität. Sie prophezeiten, Bora werde so scheitern wie es Ausländern in China einfach vorherbestimmt sei und erinnerten an die traurigen Trainergastspiele des Deutschen Klaus Schlappner (1992–95) und des Engländers Bobby Houghton (1998–99). »Viele Ausländer kamen voller Selbstvertrauen«, sagt Lily Li, »und gingen als Zombies.« Keiner der Spieler ahnte, dass Bora sie in Wirklichkeit besser verstand als sie sich selbst, als er sich vor laufenden Kameras seine mittlerweile berühmte Kappe aufsetzte. »Haltung«, steht auf der Kappe, »Haltung ist alles«.

Bora Milutinovic ist Serbe, mit 26 verließ er seine Heimat Jugoslawien, zog als Abwehrlegionär quer durch Europa und landete schließlich in Mexiko, wo er die Tochter eines Millionärs heiratete und mit ihr ein wunderschönes Mädchen zeugte. Es gibt eine Theorie, die besagt, dass viele Menschen ihr Aussehen nach der besten Zeit ihres Lebens gestalten: Auf dem Schädel Boras wuchert eine Frisur als wäre er der verloren gegangene fünfte Beatle. Mehr noch als die Haarpracht des 61-Jährigen beeindruckt sein Sprachtalent: Bora spreche, hat einer einmal geschrieben, ein halbes Dutzend Sprachen, die der Menschheit bekannt sind, und noch ein paar weitere, die nur er selbst verstehe. Chinesisch gehört nicht dazu. Das ärgert ihn. »Verstehen sie mich?«, sagt Bora über seine Spieler, »Keine Ahnung. Hauptsache, sie spielen so, als verstünden sie mich.« Was also bedeutet »Happy soccer« auf Chinesisch? Ganz einfach, sagt Biografin Lily Li: Schlepp dich gefälligst nicht über den Platz wie ein alter Wasserbüffel unter der Last seines Joches!

Vor Bora war es so: »Wir hatten einen Heidenrespekt vor unseren Trainern, richtig Angst.« Jiang Jin erzählt das, der Hüne und Torwart, einer der Helden der Qualifikation. »Sie waren dogmatisch und konservativ, die Stimmung war bedrückend.« Wenn der Trainer sprach, hatten die Spieler stumm zu sein. Wie die meisten anderen Spieler der Mannschaft auch fiel Jiang Jin staatlichen Talentsuchern auf, als er zwölf war, und wurde auf eine Sportschule geschickt. Dort wird den Kindern alles abgenommen, Denken inklusive. Sie werden gedrillt. Technisch und konditionell können Chinas Fußballer schon lange mit ihren Kollegen in Europa mithalten. Auf dem Platz aber, wenn es ernst wurde, da verwandelten sie sich stets in eine Schar flatternder Seelchen: unfähig zum Zusammenspiel, Nervenbündel auf der Flucht vor dem Ball. Und dann kommt da einer, mit wehendem Haar und mexikanischen Flüchen, braun gebrannt von südlicher Sonne, und erzählt etwas vom »fröhlichen Fußball«. »Wir haben ihn schlicht nicht verstanden«, sagt Jiang Jin. Sie haben ihn sogar gehasst am Anfang: Der neue Trainer fing plötzlich an, ihnen Fragen zu stellen, denen er auffordernde Blicke hinterhersandte, Blicke, vor denen sie panisch in Deckung gingen. Sie, die ein Leben lang nur Zuhören durften, sollten plötzlich Antworten geben? Ein ganzes Jahr habe es gedauert, sagt Torwart Jiang, »dann ist der Groschen gefallen«.

Laotou, der »Alte«, wie sie ihn nennen, hat den Druck von ihnen genommen. »Entspannt euch, dann geht alles von selbst«, predigt Bora. »Er hat uns Selbstvertrauen gegeben«, sagt Verteidiger Li Weifeng. Sie merkten, dass der Gaukler in Wirklichkeit ein harter Arbeiter war, der sie bald nervte mit seinem Auge für die kleinsten Fehler. Und am Ende, gerade noch rechtzeitig, machte er ein Team aus ihnen – gewiss nicht die einfachste Aufgabe. »Sind Chinesen geduldig?«, wirft Bora provozierend gängige China-Klischees über den Kaffeetisch: »Sind sie tatsächlich Kollektivwesen?« Bora macht sonst gern viele Worte ohne das Geringste zu sagen, jetzt aber schweigt er und verrät so alles. Ein Chinese allein ist ein Drache, sagt das Sprichwort – zehn Chinesen zusammen sind ein Haufen Flöhe:

Alle für sich, einer gegen den andern. Und elf? »Pffff«, Bora lacht. Er hat ihnen die Botschaft eingehämmert: Ihr müsst euch nicht in den Armen liegen – aber Respekt voreinander, den müsst ihr haben. »Wir haben uns völlig verwandelt«, sagt Torwart Jiang Jin. »Wir haben nun eigene Ideen und sprechen sie auch aus. Wir diskutieren. Wir haben Spaß – und wir spielen besser.« Verteidiger Li Weifeng ist kaum zu bremsen: »Milu hat nicht nur unsere Einstellung zum Fußball verändert, sondern auch die zum Leben!« Ein Freund, urteilen beide Spieler wie befreit, kein Zuchtmeister mehr. Am Schluss applaudierte sogar die *Volkszeitung*, auf ihre Weise: »Milutinovic«, lobte das Parteiblatt erfreut, »hat unter den Spielern erfolgreich ideologische Arbeit geleistet.« Ein Hoch auf Boras Umerziehungslager.

Viele im chinesischen Fußball haben es noch nicht kapiert, dass genau hier der vermaledeite Knoten sitzt: der Ball ist in China nicht nur rund, sondern hat vor allem patriotisch zu sein. Noch einmal die *Volkszeitung*, ein paar Zeilen weiter: »Wenn eine Nation den Kampfgeist verliert, dann riskiert sie Unterwerfung und Völkermord. Wenn eine Fußballmannschaft den Mut zum Kampf verliert, läuft sie Gefahr, unbarmherzig ausgelöscht zu werden.« Nicht zu beneiden, die Spieler, die nach solcher Lektüre auf den Platz geschickt werden. Dokumentarfilmer Peng Hongjun macht die 150 Jahre andauernde Demütigung Chinas durch westliche Kolonialmächte für die ideologische Aufladung des Spiels verantwortlich. Richtig kennen gelernt hat das lange abgeschottete Land den Weltfußball erst im Jahr 1982, als der Staatssender CCTV zum ersten Mal eine ganze WM ausstrahlte: »Die Chinesen haben sich damals zuerst in die WM-Trophäe verguckt«, glaubt Peng, »und erst danach in den Fußball.«

Rückblende. Vor der Qualifikation. Im Sitzungsraum des Trainingslagers. Es spricht Yan Shiduo, der Vizechef des chinesischen Fußballverbandes. Ein seltener Blick hinter die Kulissen. Die Spieler aufgereiht wie Schulbuben in der ersten Bank. Gesenkte Köpfe, blasse Mienen. »Vergesst nicht«, hebt der Funktionär an. »Ihr steht da draußen für den Ruhm unseres Landes, für den Geist unserer Nation!« Yan lässt seinen stechenden Blick über die Spieler schweifen: »Noch nie haben wir es zu einer WM geschafft ...« Da sitzen sie, geduckt, in sich zusammengesunken, meiden jeden Augenkontakt. »Ihr alle«, donnert er: »Ihr alle solltet euch schuldig fühlen und keinen Frieden finden! Ihr tragt die Verantwortung!« Pause. »Wollt ihr, dass das Volk diesmal erneut heiße Tränen euretwegen vergießt?« Der Staatsanwalt mustert die Angeklagten.

Kein Wunder, meint draußen auf dem Vorplatz mitleidig Zhang Lu, ein aus der Provinz Jiangxi angereister Fan: »Chinas Spielern konntest du bei jeder Ballannahme die Furcht vom Gesicht ablesen: ›O weh ... Jetzt ein Pass über die Mittellinie? Oder mache ich China damit Schande? ... Hilfe! ...‹« Der Fan seufzt. »Ein Jammer! Zum Fußball gehört einfach das Unbändige, Ungestüme – das hatten wir Chinesen nie. Erst Milu hat uns das gelehrt.«

Kein Chinesisch zu verstehen kann von Vorteil sein. Beim Spiel gegen Kambodscha etwa, als sie 3 : 1 gewannen und Bora die Fans zehntausendfach seinen Namen rufen hörte. Er dachte, sie ließen ihn hochleben. In Wirklichkeit brüllten sie: »Milu, tritt ab!« Es waren ihnen nicht genug Tore. Gut auch, dass Bora die Zeitungen nicht lesen kann, noch vor einem halben Jahr schrieben sie ihn in Grund und Boden. Er macht es ihnen aber auch nicht einfach in seinen Interviews:

Journalist: »Was ist der Plan für das morgige Training?«

Bora: »Plan? Welcher Plan? Haben wir morgen Training? Keine Ahnung.« Bora grinst, unschuldig.

Oder damals auf den Malediven: Bora (mit weit ausholendem Arm): »Schaut euch den Mond an! Die Lagune! Wie schön!«

Ende der Pressekonferenz.

Es gibt in China mehr als dreitausend Journalisten, die über nichts anderes schreiben als Fußball. Die Konkurrenz ist gnadenlos, die Blätter müssen sich verkaufen, die Branche ist chaotisch und hochkommerziell. Und: »Es ist das Feld mit den größten Freiheiten im Land«, sagt Lily Li. Die Journalisten können schreiben, was sie denken, die Fans sich am Wochenende ihren Frust von der Seele brüllen. Nur im Stadion gibt es diese Freiheit in China. »Du kannst alle kritisieren«, sagt Li. »Der Fußballverband ist eben nicht die Regierung.« Die Jagd auf Nachrichten ist hart und Lily Li ist Schützenkönigin: Vor zwei Jahren war sie noch einfache Reporterin und hatte von Fußball nicht den blassesten Schimmer, mittlerweile ist sie Boras Beraterin. Ihre Milutinovic-Biografie hat sich allein in den ersten zwei Monaten nach Erscheinen mehr als zweihunderttausendfach verkauft, das Buch trägt den vieldeutigen Titel »Null Distanz«.

»Ich hätte sie umbringen können«, sagt Bora und zeigt auf das Umschlagfoto: Bora und Lily traut nebeneinander auf einem einsamen Sandstrand. Dann lächelt er: »Smartes Mädchen.« Sie hilft ihm durch den chinesischen Intrigendschungel, er gibt ihr dafür Scoops. Smarter Trainer. Lily Li ist die Einzige, die Informationen gesteckt bekommt. Was die anderen Journalisten zum Wahnsinn treibt. Und nicht wenige Verlage zu verzweifelten Versuchen der Nachahmung – mittlerweile stellt ein ganzes Grüppchen von Notizblock-Groupies dem Trainer nach: Die eine lockt am Spielfeldrand mit lila Lippenstift und fließendem Serbisch, die andere lauert ihm mit freiem Bauchnabel im Café auf: »Hallo Mr. Milu, I'm Susanna!«

Vergeblich. Bora spielt für Presse und Fans gern den Affen – aber er gibt nichts preis von sich. Nichts. Er nimmt mich mit in seiner Limousine, er bereitet mir mitten im Kanton-Restaurant eigenhändig jugoslawischen Tomaten-Gurken-Salat zu, er demütigt mich beim Bowling (mit mehr Kraft als Technik), er ist charmant und sprüht und lacht – und als mich am Ende meiner Woche im Trainingslager einer der nach Neuigkeiten lechzenden chinesischen Kollegen fragt, ob Bora denn irgendetwas Wichtiges gesagt habe, da fällt mir nicht ein Satz ein. Nicht einer. »Ein Fuchs«, nannte ihn ein Schanghaier Kollege am Platzrand, »eine Schlange« mein Fotograf. Anerkennend beide. Selbst seine Vertraute Lily Li sagt: »Je näher du ihm kommst, umso weniger verstehst du ihn. Er will nicht, dass man ihn versteht. Am Anfang hielt ich das für Arroganz … dabei ist er ein wunderbarer Mensch. Er tut alles für dich.«

Die Menschen in seiner Umgebung verdanken Bora mehr als nur Fröhlichkeit. Die wäre ihnen vermutlich auch nicht genug im neuen China, wo die erst 1994 ins Leben gerufene Profiliga sich je nach Angebot mal an Marlboro und mal an Pepsi verkauft, im Moment führt sie offiziell den Namen »Siemens-Mobilfunk-Liga«. Red Bull macht hier neben der Bank of China Bandenwerbung und diskret überreichte Geldumschläge führen mittlerweile den Schiedsrichtern die Hand zur Pfeife. Torwart Jiang Jin macht Werbung für ein Lebermedikament,

Verteidiger Li Weifeng bekam nach der WM ein Angebot aus England, der TSV 1860 München angelte sich Mittelfeldspieler Shao Jiayi, und Lily Li, Schreiberin mit Bora-Monopol, wechselte für eine Ablöse von 1,5 Millionen Yuan (circa zweihunderttausend Euro) zu einer neuen Zeitung. Und das, frohlocken sie alle, sei erst der Anfang.

Der größte Star aber ist Bora. Für Schnaps hielt er seinen Haarschopf hin, für DVD-Spieler und für Klimaanlagen. In Shenyang, dem Ort des Triumphes haben sie eine übermannsgroße Statue enthüllt: Ein verlegen grinsender Bora, über dem Herzen eine kleine chinesische Flagge. Bronze. Mit Mao Zedong hat es auch einmal so angefangen, heute verbrennen Pilger überall in China vor Mao-Statuen Räucherstäbchen und beten um Gesundung oder einen Sohn. »Puta Madre ...«, sagt Bora, selig ergriffen diesmal. »Welch ein Vergnügen. Welch eins-kom-ma-drei-mil-liar-den-faches Vergnügen!«

Bis zur WM in Südkorea und Japan durfte er noch bleiben. China kassierte Prügel und schoss kein einziges Tor. Bora wurde mal wieder gefeuert. »Das Leben ist kurz«, sagt Bora. »Ich wandere gern.« Wohin als nächstes, Magier, Heiler, Messias? Der Mann sagt mal wieder gar nichts und liefert doch ein schönes Zitat. Er, Bora, meide nur einen Platz: »Die Hölle.« Er sagt das im Tonfall eines Mannes, der sich für einen Moment im Himmel wusste. In Peking sieht man noch immer die Plakate, die nach der Qualifikation auftauchten. »Elf Mann haben gespielt«, steht da, »1,3 Milliarden gewonnen.« Einskommadreimilliardenundeiner.

Gams tot

Völkerfreundschaft, erster Akt: Dürnbach

Der Präsident, der chinesische, mischt sich gern unters Volk, solange es das bayerische ist. »Zum Wohl«, sagt er – auf Deutsch – und nimmt einen kräftigen Zug aus dem Steinkrug. Dann gesellt er sich zur Familie Glasl. Familienfoto. Es lächeln, in Sonntagsdirndl und Hirschlederhose: Oma Elisabeth, Mutter Elisabeth, Tochter Elisabeth, der Herr Präsident, Vater Anton und ganz links, da steht noch der bayerische Ministerpräsident, aber der gehört nicht zur Familie. Samstag, 16.20 bis 16.45 Uhr: Staatsbesuch auf dem Glasl-Hof, 26 Milchkühe, 30 Kälber, vier Pferde und momentan zehn Feriengäste.

»Ganz schön mulmig« war Elisabeth Glasl, Ortsbäuerin des Dorfes Dürnbach am Tegernsee, zuvor zumute gewesen. Der Herr über eine halbe Milliarde Bauern auf ihrem Hof! China kennt sie nur aus dem Fernsehen. Seit 1983, seit sie den neuen Hof haben, hat die Familie keinen längeren Urlaub mehr machen können. Als erster Zaungast, eineinhalb Stunden vor Ankunft des Präsidenten, postiert sich Familie B. aus Zwickau, die am Tegernsee Urlaub macht. Vater Ludwig hat im Radio gehört, dass »der Chinese« kommt. Jetzt parkt sein Golf in sicherem Abstand von den Polizeisperren und Ludwig hält die Videokamera erst mal auf die berittenen Polizisten, die den einsam gelegenen Hof umkreisen. Als Nächstes lässt der Nachbar das Heuwenden sein und macht es sich auf seinem Traktor in Sichtweite gemütlich. Und schließlich fallen die Journalisten ein, die ein Pressebetreuer mühsam zu dirigieren versucht: »Sie gehen auf die rechte Seite vom Stall, da können Sie Fotos machen von den Kühen und von den Gästen.«

Der Präsident kommt, und er kommt nicht allein. Wagenkolonne und Busse spucken vor den Augen der erstaunten Familie Glasl eine Armee chinesischer und deutscher Krawattenträger aus. »Was das den Steuerzahler kostet!« Urlauber Ludwig aus Zwickau schüttelt den Kopf. »Und das bei den Menschenrechten in China.« Aber was wolle man anderes von der bayerischen Regierung erwarten, flüstert der Sachse, die haben ja hier am Tegernsee auch »von uns aus dem Osten einen versteckt«. Er meint den Herrn Schalck-Golodkowski, welcher der DDR die Devisen besorgte und dessen Menschenrechte sie hernach in Bayern nicht verkommen ließen. Und hoch die Kamera.

Die neun Haushamer Jagdhornbläser spielen »Begrüßung«, aber der Chinese marschiert an ihnen vorbei, direkt auf den Hausherrn zu. Der Präsident strahlt, Stoiber strahlt, Anton Glasl strahlt nicht. Anton Glasl zupft an seinen Hosenträgern. Wie gut, dass der Mann der Cousine von Frau Elisabeth Staatssekretär im Ministerium ist und mit hohen Gästen umzugehen versteht. Staatssekretär Wolfgang Gröbl strahlt, breitet die Arme aus und befiehlt den Herrn Präsident umgehend in den Stall, damit er sich selbst überzeugen könne, »ob der Bauer was taugt«. Zielsicher kommt der Präsident vor der ehrwürdigen Bella zum Stehen, mit 14 Jahren das älteste Stück Fleckvieh im Stall der Glasls. 5500 Liter Milch im Jahr gebe eine Kuh, doziert Staatssekretär Gröbl. »Eine Kuh«, echot der Präsident, akzentfrei. Bella glotzt und erhebt sich rumpelnd. Großes Hallo bei der Begleitung: »Sie ist aus Respekt vor Ihnen aufgestanden«, sagt Edmund Stoiber.

Tatsächlich, der Präsident scheint sich nicht nur für Daimler, BMW und Audi zu interessieren, wo man ja übrigens, wie Fleckviehfachmann Stoiber einflicht, eine »Riesenbilanz« erzielt habe. »Glänzend« laufe der Besuch, assistiert ihm der vor Freude rotglühende deutsche Botschafter in Peking, auch er ein Bayer, und jetzt noch der Bauernhof! Also: »Ham'S die Chinesen g'sehn. Die san ja ganz happy.« Auf der Terrasse zwängt sich ein Chinese zwischen zwei Jagdhornbläser, entwindet dem einen den Filzhut, dem anderen das Horn, und posiert mit beiden für einen Schnappschuss. Ist das nicht Seine Exzellenz, Chinas Botschafter in Bonn? »Ho, ho«, freut sich Stoiber, »des is stark.«

Frau Glasl serviert auf der Terrasse Schmalzgebäck: Almnussen und Krapfen. Statt des Kaffees möchte der Chinese lieber ein Bier dazu. »Dankeschön«, sagt er, auf Deutsch. Gut gelaunt verputzt der Präsident zwei Krapfen, wischt sich den Puderzucker von der Oberlippe und spült kräftig nach. Staatssekretär Gröbl redet lieber: »All diese Landschaft, Herr Präsident«, er verbeugt sich vor dem sitzenden Würdenträger und deutet mit ausladender Armbewegung auf die Phalanx der Fotografen, hinter der sich die Alpen verbergen, »all diese Landschaft wird von unseren Bauern kostenlos mitgeliefert.« Der Präsident guckt die Fotografen an. »Sehr gut«, sagt er. Schon muss er weg. Und fährt mitten hinein in die Landschaft. »So was erlebt man nur einmal im Leben«, sagt Ortsbäuerin Glasl, ehrlich beeindruckt. Und die Haushamer Jagdhornbläser blasen zum Abschied »Gams tot«.

Maus auf Mission

Völkerfreundschaft, zweiter Akt: Schanghai

Manfred Maus sagt, er sei Aufsichtsratsvorsitzender und betreibe Einzelhandel, aber in Wirklichkeit ist er Sinnstifter und betreibt Kulturaustausch. Der deutsche Kanzler hat das erkannt, deswegen wird er an diesem Freitag einen Abstecher machen von seiner Staatsvisite in China und Herrn Maus besuchen. Dessen Stätte der Begegnung trägt den Namen Obi und ist in Deutschland auch als Baumarkt bekannt, hier aber ist Schanghais Neustadt Pudong, fernster Osten, und hier wird selbst der kleinste Fischer-Dübel zum Kulturträger. Vor nicht allzu langer Zeit noch bestellten auf diesem Flecken Land Reisbauern ihre Felder. Obi gebührt das Verdienst, nicht nur den Dübel und die Pattexdose, den Fuchsschwanz und die Wasserwaage hier eingeführt zu haben, sondern auch die Kartoffelsuppe mit Würstchen und den Udo Jürgens. Herr Jürgens singt die Obi-Hymne: »Ein Turm aus Edelstein, ein Haus zum Glücklichsein ...«

Heute läuft das Band in Endlosschleife, wo doch der Kanzler kommt. »Mehr als nur vier Wände, an die man Bilder hängt ...«, trällert der Sänger. Herr Maus findet, der Song sei die gelungene Vertonung der »Obi-Unternehmensphilosophie«. Die Philosophie wird den Chinesen auch als »deutsch geprägter Obi-way-of-living« nahegebracht. Manfred Maus ist ein freundlicher, seine Worte leise und mit Bedacht wählender älterer Herr, aber auf dem Schlachtfeld der Globalisierung ist er gewissermaßen der Kreuzritter des deutschen Heimwerkerwesens. Und Obi ist sein Orden. Akut bedroht ist beispielsweise die Existenz der deutschen Türklinke: »Wenn wir nicht aufpassen«, warnt er, »wird der Markt von der amerikanischen Türknopfkultur übernommen.« Ein Anschlag auf die mitteleuropäische Zivilisation, den abzuwehren eigentlich nur einem gelingen kann: Manfred Maus.

In China, wie überhaupt in Asien, hat der Trend zu Türknöpfen und anderem amerikanischen Unbill Besorgnis erregende Ausmaße angenommen. Obi ist da mit der Öffnung seines ersten Marktes zur Jahrtausendwende gerade noch rechtzeitig gekommen; nun sind es schon vier. Das heimwerkerisch noch jungfräuliche China scheint bereit für Obis Botschaft, Maus ist überwältigt von der Reaktion der Kunden: »Alle Erwartungen übertroffen«, meldet er triumphierend. Tatsächlich findet in China auf dem Wohnungsmarkt eine kleine Revolution statt: Nachdem der Staat den Menschen fünf Jahrzehnte lang ihre Wohnungen zugewiesen hatte, will er sie nun zu einem Volk von Häuslekäufern machen. Banken geben seit Ende der neunziger Jahre erstmals Kredite für den Kauf einer Wohnung und im reichen Schanghai ziehen zweihunderttausend Familien jedes Jahr in ein neues Heim.

Die Geborgenheit der eigenen vier Wände, hat Maus erkannt, sei »gerade im Zeitalter des Terrorismus« ein hoher Wert. Er stößt dabei auf offene Ohren. »Bei uns Chinesen ist das Gefühl für Sicherheit und Familie ganz stark«, erklärt Chen Li, die bei Obi als Raumgestalterin arbeitet. Die Wesensverwandtschaft mit den Deutschen hat jedoch ihre Grenzen, an der Dunstabzugshaube zum Beispiel scheiden sich die Völker: »Im chinesischen Wok wird scharf angebraten – da können Sie unsere Rauchabzugssysteme glatt vergessen«, erläutert Maus. Vor allem aber können die Schanghaier offenbar mit dem Spruch »Selbst ist der Mann« noch nicht viel anfangen – der Chinese lässt hämmern. Also hat der Chef die Losung ausgegeben: »Statt ›Do-it-yourself‹ machen wir hier ›Buy-it-yourself‹.« Der Heimwerker, heißt das, wird dem Kunden mitgeliefert. Die Firmenleitung setzt dabei auch in China auf das weltweit bewährte Kassier-it-yourself, mit erstaunlichen Resultaten: Der Schanghaier gibt mit durchschnittlich sechzig Euro pro Einkauf mehr als doppelt so viel aus wie der Deutsche.

Jetzt aber kommt der Kanzler angebraust und hüpft aus der Limousine in einem Tempo, das wenig Zweifel lässt: Er muss erst einmal auf die Toilette. Manfred Maus nimmt dies nach dem Händewaschen zum Anlass, dem Kanzler zu erzählen, man sei sich schon einmal in einer Herrentoilette begegnet, »beim Pokalendspiel vor zwei Jahren«, woran sich jener jedoch nicht erinnern kann oder will. Im Blitzlichtgewitter wird der Tross alsdann schnurstracks zu einem Korb mit, jawohl, Türklinken geschleppt. Man rauscht vorbei an Fliese »Kandinsky« und Klodeckel »Karibik«, und Udo Jürgens ist gerade mal beim Vers »Wir lebten in Räumen aus eigenen Träumen« angelangt, da sitzt er schon wieder im Fonds seines Wagens, der Herr Bundeskanzler, weiter staatsbesuchen. Die deutschen Zeitungen werden am nächsten Tag das Foto drucken, das ihn lachend zeigt, in den Händen eine Bohrmaschine als sei es eine AK 47, dazu schreiben sie etwas von den dicken Brettern, die es in China noch und so weiter.

Maus ist noch da. Seine Bataillone arbeiten schon am nächsten Projekt zur Rettung der chinesischen Seele: »Ich kann nicht länger zusehen wie meine Landsleute Weihnachten feiern – amerikanisch!«, sagt der chinesische Obi-Manager Wang Ruohai, der in Deutschland studiert hat. Santa Claus und Rudolf, das rotnasige Rentier – Wang schüttelt sich angewidert. Also wird Schanghai in diesem Jahr zwischen Kacheln und Parkett altdeutsch weihnachten: mit Lebkuchen und Glühwein. Und mit Udo Jürgens. Der ja praktisch mindestens so deutsch ist wie das Jesuskind.

Die teuren Gäste des Herrn Zhou

Wie die Regierung von Shiba ein Restaurant aufaß

Herr Zhou mit der großen Brille könnte vieles sagen über Chinas Beamte, aber eines gewiss nicht, nämlich dass sie nicht zu tafeln verstünden. Noch in den entlegensten Weilern dieses großen Landes pflegen Kader aller Stufen mit großer Sorgfalt ihre Begabung zur Feinschmeckerei samt korrespondierendem Besäufnis. Shiba, Herrn Zhous Heimat, ist da keine Ausnahme. Shiba ist ein reizloser Ort mit viertausend Einwohnern inmitten pittoresker südchinesischer Bauernlandschaft. Vom Horizont heben sich blau schimmernd ein paar Berge ab, sanftes Reisland ist durchsetzt mit Wäldchen und Bambusoasen. Im Dorf dominiert die übliche Mischung aus Garagenbauten, weißen Klinkern und blau getönten Fensterscheiben. Zhou Zhencheng hatte ein Restaurant in Shiba. Er kochte selbst. Besser als alle seine Konkurrenten. Das war sein Verhängnis.

Zhou gehört zu den *Hakkas*, den »Gastmenschen«, die so heißen, seit sie als erste chinesische Siedler vor Jahrhunderten in den von Barbaren bewohnten Süden vorstießen. *Hakka*-Kost ist würziger und bodenständiger als die milde kantonesische Küche der Provinz. In seinem Wirtshaus »Zur Freundschaft« setzte Zhou den Gästen gefüllte Bittergurke vor, gedämpften Wels und, bevor es verboten wurde, auch »Feldhühnchen« – zarte Frösche, welche die Kinder in den Feldern fingen. Die Regierung sorgt sich mittlerweile um die Frösche, weil sie im Sommer die Mücken fressen. Noch mehr als um die Frösche sorgt sich die Regierung aber um sich selbst, und so parkten ihre schwarzen Limousinen über viele Jahre vor Zhou Zhenchengs Türe.

Der Parteisekretär kam im Mercedes, der Bürgermeister im BMW und wenn sie hohe Gäste aus der Kreisverwaltung im Schlepptau hatten, dann rollte eine Flotte japanischer Wagen an. Sie aßen, scherzten, sangen, fluchten und prosteten sich zu. Stets verlangten sie vom Chef augenzwinkernd die Spezialität des Hauses: Hühnereier, worunter hier ausnahmsweise die geschmorten Hoden des Hahnes zu verstehen sind – »für Männer sehr nahrhaft«, wie Zhou versichert. Später winkten sie nach Zigaretten und Cognac, Remy Martin XO. Eigentlich sind die Kader von Shiba also nichts Besonderes.

Dennoch sind sie nun im ganzen Land bekannt, und das ist das Verdienst des Bauern und Wirtes Zhou. Dankbar sind sie ihm dafür nicht. Am schönsten hat die *Kantoner Zeitung* Zhous Geschichte erzählt. Sie verpasste ihrer Titelseite die Schlagzeile: »Die Regierung hat mein Restaurant aufgegessen«. Das ist noch untertrieben: Eigentlich hat die Regierung den ganzen Ort verdrückt.

Zhou, der begabte Koch, ist pleite. Seine Stammgäste, die Kader, haben ihn buchstäblich in den Bankrott gefressen. Wie zum Spott hängt nun die große Kalligrafie mit dem Zeichen *Cheng* an der Wand seiner Gaststätte: *Cheng* ist die letzte Silbe von Zhou Zhenchengs Namen und bedeutet »Erfolg«. Tatsächlich hatten seine Eltern den Namen nicht schlecht gewählt, als ihnen 1952 der Sohn geboren wurde. Nach einem kurzen Abenteuer als Rotgardist in der Kulturrevolution machte Zhou Zhencheng schnell Karriere, so weit dieses Wort in einem Bauernflecken im Hinterland von Kanton überhaupt Anwendung finden kann: Mit zwanzig wurde der gewitzte, unternehmenslustige Bauernsohn zum Leiter der Produktionsbrigade gekürt, später lehrte er Mathematik und Physik an der Dorfschule. Zu Hause pflanzte Zhou weiter Reis. Als das Lüftchen der Reformpolitik Anfang der Achtziger endlich auch durch Shiba wehte, war Zhou einer der ersten, die ihre Chance rochen. Zuerst machte er einen Kiosk auf, 1986 dann sein Restaurant. »Satt geworden wären wir auch mit den Reisfeldern«, sagt Zhou. »Aber dann hätten meine Kinder nie eine Universität von innen gesehen.« Zhou hat vier Mädchen und zwei Jungen.

Händler und Fernfahrer waren Zhous erste Kunden. »Nirgends schmeckte es besser«, behauptet er stolz. Von gelegentlichen Ausflügen zu Verwandten ins dreihundert Kilometer entfernte Hongkong brachte der findige Gastwirt stets neue Ideen und einen Hauch Weltstadt zurück in die Reisfelder von Shiba: Poster schmalzlockiger Popstars, eine japanische Klimaanlage, ein Karaokeset. Die Kader waren begeistert. Bald fuhren ihre Wagen zweimal am Tag vor. Die Probleme begannen 1994. Die Kader blieben seine besten Esser – aber sie bezahlten nicht mehr. Statt dessen hinterließen sie ihm einen Haufen vollgekritzelter Zettel, die sie Schuldscheine nannten.

»Kleiner Zhou«, sagten sie zu ihm und klopften ihm auf die Schulter. »Du brauchst dir keine Sorgen zu machen. Wir sind doch die Regierung.« Und Zhou machte sich keine Sorgen. »Kleiner Zhou«, schmeichelten sie ein paar Monate später. »Haben wir früher nicht immer bezahlt?« Und Zhou schalt seine grummelnde Frau kleinkrämerisch. »Zhou Zhencheng, das war köstlich«, befanden sie am Jahresende. »Hast du Stift und Papier?« Zhou wurde allmählich unruhig. »Zum Quartalsende, Zhou, zum Quartalsende!«, beschieden sie ihm beim nächsten Mal. So verging Quartal um Quartal, und wenn die Beamten wie gewohnt sein Lokal betraten, dann waren nicht sie es, die Scham empfanden, sondern Zhou. »Wie hätte ich sie denn abweisen können?«, sagt er noch heute. »Oft waren Vorgesetzte aus der Kreisstadt dabei – ich darf sie doch nicht vor so hohen Leuten das Gesicht verlieren lassen. Unmöglich.« Die Kader behielten ihr Gesicht, Zhou verlor sein Auskommen.

Heute, Berge von Hahneneiern und Jahre später, schuldet ihm die Gemeinde hunderttausend Yuan, umgerechnet 12.000 Euro. Die Spuren des dreisten Mundraubs bewahrt Zhou in einer roten Plastiktüte auf: Zettel in allen Farben, manchmal nur ein paar hingekritzelte Zeichen auf schmutzigem Papier. »Das Familienplanungskomittee bestätigt hiermit Überstunden und ein Arbeitsessen«, steht auf einem. Das Forstamt des Kreises Boluo quittiert Abendessen über 6306 Yuan – eine preiswürdige Leistung in einem Gasthaus, wo sich vier Leute für keine vierzig Yuan satt essen können.

Der für einen Augenblick reiche Herr Zhou hat nun Schulden bei der Bank. Seine jüngste Tochter musste das Gymnasium abbrechen, denn Zhou kann das Schulgeld nicht mehr bezahlen.

Mehrmals im Jahr rannte Zhou zur Gemeindeverwaltung, um sein Geld einzutreiben. Mal zum Parteisekretär, mal zum Gemeindevorsteher. Die lachten ihn an: Es täte ihnen Leid, aber die Gemeinde habe nun mal kein Geld. »Dabei fährt der Vorsteher in einem importierten Toyota herum«, sagt Zhou. Das Auto gehörte einmal der Tongxin-Arzneimittelfabrik, der einzigen Fabrik am Ort. Tongxin hat schon vor Jahren seine Tore geschlossen, mehrere Hundert Arbeiter warten bis heute vergeblich auf ihren Lohn. »Die Leute hier hassen die Gemeinderegierung«, ereifert sich Zhous jüngster Sohn Yinggui. »Unsere Kader sind von der übelsten Sorte. Korrupt bis aufs Mark, und dabei gehaben sie sich wie kleine Kaiser.«

Gemeindebeamte gestanden der *Kantoner Zeitung*, sie hätten in den Neunzigern in manchem Jahr bis zu sechshunderttausend Yuan (67.000 Euro) für Bewirtung ausgegeben. Ihnen sei jedoch keine Wahl geblieben, beteuerten die Beamten – hochrangige Besucher aus der Kreis- und Provinzverwaltung hätten sie zur stets fürstlichen Behandlung praktisch genötigt. »Das Volk kümmert die Beamten nicht«, meint Zhou. »Shiba ist so arm. Selbst in der Verwaltung bekommen viele ihr Gehalt nicht ausbezahlt. Denen oben geht es nur darum, in ihrer Amtszeit so viel wie möglich einzustreichen, dann lassen sie sich versetzen. Was haben sie denn für uns gemacht? Keine einzige Fabrik, keine Straßenlaternen – nicht einmal eine öffentliche Toilette gibt es hier.«

Nicht, dass die Kader nicht geschäftstüchtig wären: 1994 haben sie den Bauern – auch der Familie Zhou – Ackerland abgekauft, für den Spottpreis von zehn Yuan pro Quadratmeter. Da wussten die Bauern noch nicht, dass über dieses Land die neue Fernstraße führen würde. Als die Straße im Jahr darauf da war und Zhou sich ein kleines Stück für den Umzug seines Restaurants zurückkaufen wollte, musste er dafür stattliche 750 Yuan pro Quadratmeter hinlegen. Von den Anwohnern eines Neubaugebietes kassierte die Regierung zweitausend Yuan pro Kopf, angeblich um die Straßen zu teeren. Das war vor vier Jahren. Bis heute sind Shibas

Straßen ungeteerte Erdwege voller Müll und Pfützen.

Den Gedanken, vor Gericht zu gehen, verwarf Zhou schnell. »Das sind Beamte, wir sind Bauern«, sagt er. »Wir sind ganz unten. Versuch da mal, dein Recht zu bekommen – keine Chance. Die schützen sich gegenseitig. Wir haben keine unabhängigen Richter wie ihr.« Er entschied sich für den spektakuläreren Weg – er ging an die Medien. Der listige Zhou konnte sich auf die Parteiführer berufen, die immer wieder warnen, die grassierende Korruption sei »die größte Bedrohung« für ihre Partei. Die 2003 an die Macht gekommene neue Führungsgeneration weiß, dass es im Land gärt: die Kluft zwischen Arm und Reich wächst, und während Chinas Städter sich eigene Wohnungen und Autos zulegen, braut sich auf dem Land ein explosives Gemisch zusammen. Die Realeinkommen der Bauern sind in den letzten Jahren stagniert oder gesunken – während sich gleichzeitig die Verwaltung auf dem Land absurd aufgebläht hat.

Die Zensur in China ist noch immer scharf, doch haben sich die Zeitungen des Landes etwas Spielraum erobert. Während die Verfehlungen hoher Politiker tabu sind, erlaubt die Partei die Berichterstattung über kleinere Korruptionsfälle – es ist auch ein Versuch, bei den längst zynischen Bürgern einen Rest von Glaubwürdigkeit zu erheischen in ihrem Kampf für Sauberkeit. Und in der südlichen Metropole Kanton ist die Presse schon längst etwas frecher als im Rest Chinas; bald gaben sich die Reporter in der »Freundschaft« die Klinke in die Hand.

Shiba ist überall. Korruption und Mandaringehabe derer, die sich Kommunisten nennen, haben China durchzogen wie die Fäden eines Schimmelpilzes, der den Laib Brot schon längst verdorben hat, bevor er zuletzt als grünliche Fäulnis für alle sichtbar wird. Das Außergewöhnliche an dem Fall Shiba sind keineswegs seine verrotteten Kader – es ist der Mut des Wirtes Zhou, der ihnen die Stirn bietet. Hat er keine Angst? »Andere Wirte fürchten sich vor Racheakten«, erzählt Zhou. »Ich nicht. Ich bin im Recht.«

Als kürzlich auch das staatliche Fernsehen aus Peking in Shiba auftauchte, da ließ der Gemeindevorsteher Chen Xintian ausrichten, er werde sich um das Problem kümmern, im Moment aber sei man leider sehr beschäftigt – man müsse sich dem Studium der »Drei Betonungen« widmen. Da grinst selbst Zhou, wenn er das erzählt: Die »Drei Betonungen« sind eine Kampagne der Parteiführung, zu deren erklärten Zielen es gehört, die Kader zu bescheidenem und unbestechlichem Lebenswandel anzuleiten. Auf unsere Nachfrage sagt der Gemeindevorsteher, es sei wohl richtig, dass die Gemeinde den Restaurants von Shiba insgesamt noch vierhunderttausend Yuan schulde. Er habe schon eine Untersuchungskommission eingesetzt. Im Übrigen solle man ihn nicht dafür verantwortlich machen, er sei schließlich erst ein Jahr im Amt. Das stimmt.

Noch immer hat sich keiner der Beamten bei Zhou gemeldet, auch der Ortsvorsteher nicht. Zhous Sohn Yinhua, der vor vier Jahren die Landwirtschaftsschule abschloss, hat bis heute als Einziger seiner Klasse von der Gemeindeverwaltung keine Arbeitsstelle zugeteilt bekommen. Der jüngere Sohn Yingui hat gerade seinen Abschluss als Buchhalter gemacht und auch noch keinen Job. »Ich kann für ihn keine Arbeit finden, solange ich den Beamten keine Geschenke kaufen kann. Schon deshalb brauche ich die hunderttausend Yuan«, sagt der Vater.

Wann ist der Familie Zhou das letzte Mal ein guter Kommunist über den Weg gelaufen? »Ich glaube nicht, dass das alles schlechte Menschen sind«, sagt der Vater ernst. »Die gibt es bestimmt noch«, antwortet der sonst recht sarkastische Yingui. »Bestimmt.« »Hmmm…«, murmelt nachdenklich sein älterer Bruder Yinhua, ein glühender Mao-Verehrer: »… lange ist das her. Lange.« Plötzlich fällt es ihm ein: »Aber im Fernsehen! Da zeigen sie immer wieder gute Kommunisten!«

Der frühere Gemeindevorsteher, der den Großteil der Schulden machte, hat Shiba verlassen. Er wurde befördert, in die Kreisregierung.

Wenzhouer Leckereien

Wie die Mona Lisa mir einmal das Leben rettete

Treffen sich zwei Bayern, sagen sie: »Grüß Gott!«, treffen sich zwei Chinesen, sagen sie: »Heute schon gegessen?« Daraus zu schließen, in China sei Essen so etwas wie Religionsersatz, ist korrekt. Das mag man den Chinesen nicht zum Vorwurf machen, im Gegenteil: In so einem Paradies lässt sich auch unsereins gern nieder, sperrt auf das Maul und lässt hereinzwitschern, was eben noch Federn, Fell oder Schuppen trug und nun gebraten und gesotten, paniert und pochiert, gedämpft und gedünstet, filetiert und frittiert den Gaumen kitzelt und den Pansen streichelt, so dass man gleich zum Wiederkäuer werden möchte und einem das Mark aus den Knochen fließt vor lauter Glück. Normalerweise.

Dann aber wird man eingeladen zu drei Tagen chinesischem Familienleben, und am Ende liegt man da, um Luft und um Leben ringend, und hat gelernt: Unsere Mägen sind den chinesischen so wenig ebenbürtig wie unsere Lebern den russischen. Wir waren zu Gast bei Familie Wang in Wenzhou, einem südlichen Küstenstädtchen, das bekannt ist für die kapitalistische Ader seiner Bewohner und das um ein Haar noch bekannter geworden wäre für den deutschen Reporter, den es dort nach finalem Genuss eines nur fingernagelgroßen Sauböhnchens mit großem Knall zerriss. Übrigens in Fenchelkraut gekocht, das Böhnchen.

Es begann mit Sonnenschein und Schäfchenwolken. Vetter Hai Rong holte uns – seine Cousine und ihre beiden ausländische Freunde – vom Flughafen ab. Im Minibus seiner eigenen kleinen Einrichtungsfirma. Zu Hause angekommen, hechtete er in die Küche, um uns »eine Kleinigkeit« zuzubereiten. Es war Mittag, wir hatten kein Frühstück gehabt und wirklich Hunger. Also hielten wir uns schadlos an Spargelgemüse, Cherrytomaten, in Sojasoße gekochtem Schweinefleisch, kaltem Hühnchen und knuspriger, eingelegter Qualle – und rieben uns zufrieden die Bäuche.

»Schmeckt bestimmt nicht besonders!«, bemerkte unser Gastgeber beiläufig, und als wir eifrig und lautstark protestierten, sprang er zurück in die Küche. »Jetzt kommt das Essen«, hörten wir ihn noch rufen, dann verschwanden unsere erstaunten Gesichter auch schon hinter einem Berg gekochter Krebse, wurden in eine Terrine Haifischhaut-Suppe getunkt und tauchten schließlich um Luft ringend wieder auf in einem kräftigen Eintopf aus Tintenfisch und Schweinsrippchen. »Hier noch was Leichtes«, keuchte Hai Rong als er grüne Bohnen servierte, die zu dem dann folgenden Mais- und Karottengericht farblich einen hübschen Kontrast boten. Und wir? Saßen da, stierten, fanden nicht den Atem zu japsen und nicht die Geistesgegenwart unseren Gastgeber zu Boden zu werfen. Minuten später balancierte er weitere Platten herbei: auf der Zunge zergehenden *Doufu*-Stich mit Krabbenfleisch und gedämpften Gelbfisch mit Frühlingszwiebeln. Das alles vor dem Nachtisch.

Es war köstlich. Und es war ein Kampf. Zur Erinnerung: Wir waren zu dritt.

»Ach, das ist doch nichts«, erklärte unser Koch mit einer wegwerfenden Handbewegung: »Hier in Wenzhou gilt ein Essen erst ab zwölf Gerichten als ordentliche Einladung.«

Wir mussten uns beeilen, denn in einem Holzhäuslein in der Altstadt erwartete die Großmutter schon ungeduldig den Besuch ihrer Enkelin, unserer Freundin. Oma bog sich vor Freude und ihr Wohnzimmertisch vor Süßigkeiten: Reismehlküchlein, Kekse, Orangen und Erdbeeren. Die Konversation dieses Nachmittags bestand in den nachdrücklich vorgetragenen Aufforderungen »Esst! Esst!« und »Los, nimm!« und unserer eifrigen Erwiderung: »Mmmh! Pfffh!« Wir aßen, wir nahmen, wir grinsten wie die Schafe. Allmählich forderte die Höflichkeit Tribut. Schwer atmend schon hatten wir gerade gemeint, der Gastfreundschaft Genüge getan zu haben, als der Schatten von Cousin Hai Rong im Türstock erschien. Wir zuckten zusammen.

»Kennt ihr eigentlich Wenzhous berühmte *Hundun*-Täschchen?«, fragte Hai Rong unschuldig, und noch ehe unsere erlahmenden Mundmuskeln sich zu einer Antwort hätten sammeln können, war er zur Tür hinausgeflitzt, Richtung *Hundun*-Garküche. Unsere Protestrufe verhallten ungehört in der Gasse, und eine Viertelstunde später saßen wir schicksalsergeben vor drei dampfenden Schüsseln Suppe, in denen, zwischen dunklem Seetang und Frühlingszwiebeln, Wenzhous berühmte Riesen-*Hundun* schwammen – mit Schweinefleisch gefüllte Täschlein aus dünnem, fast transparentem Teig. Mit erwartungsvollem Blick umringte die Verwandtschaft uns und unsere Schüsseln, und wir des lokalen Dialekts Unkundige gaben uns nicht wenig Mühe, mit leidenschaftlichem Schlürfen und fieberhaftem Einsatz des O. K.-Daumens ihren Lokalpatriotismus nicht zu enttäuschen.

Dann war es auch schon Zeit zu gehen – Onkel und Tante warteten mit dem Abendessen. Aber das zählte praktisch nicht, denn es gab nur neun Gänge. Ich schlief lange nicht an diesem Abend.

Am nächsten Tag wollten wir einen Ausflug machen zum Nanxi-Fluss. Im Auto verteilte die Tante kandierte Oliven und in Tee eingelegte Eier. Cousin Hai Rong kaufte am Straßenrand eine Tüte mit gefüllten Pfannkuchen und drückte jedem einen in die Hand. »Heute essen wir einfacher. Nicht wie gestern«, sagte er entschuldigend. »In Ordnung?« Eifrig und erleichtert nickten wir. Darauf er, ein wenig enttäuscht: »Ihr müsst aber sagen, wenn ihr Hunger habt.« Wir wedelten mit allen zur Verfügung stehenden Gliedmaßen: »Nein, nein! NEIN!« Eine halbe Stunde später erreichten wir einen kleinen Ort, Hai Rong legte eine Vollbremsung hin. »Alles aussteigen!« Wir guckten irritiert: Es war jetzt schon zwei Uhr nachmittags und von einem Fluss weit und breit nichts zu sehen. Was machten wir hier? »Essen!« trompetete Hai Rong. »Aber …«, stammelten wir: »… unser Ausflug … gar kein Hunger …« Resolut ging die Tante dazwischen: »Jetzt wird gegessen!« »Ein Snack nur«, lächelte Cousin Hai Rong, und wies den Weg zum Gasthaus.

»Essen ist Kultur in China«, erklärte Hai Rong am Tisch in unsere belämmerten Gesichter hinein, wohl spürend, dass dieses Bankett das solchen Anlässen in China sonst zugewiesene Ziel verfehlen würde, Harmonie und Friede unter den Teilnehmern zu schaffen. Obwohl sich der süß-saure Aal und das mürb gekochte Lammfleisch, der Knoblauch-Kürbis und die Flussfischlein, vor allem aber die raffinierten durchsichtigen Gemüseravioli alle Mühe gaben. »Ihr Ausländer stürzt euch eben in Spaß und Vergnügen«, nuschelte Hai Rong zwischen zwei Bissen frittierter Sardine. »Wir Chinesen hingegen …« – er leckte sich einen Rest rosafarbenen Sardinen-Rogens von den Lippen – »… stürzen uns ins Essen.«

Wir waren dann noch am Fluss, setzten in einem kleinen Boot über und erklommen schroffe Felsen. Dann fuhren wir zurück in die Stadt. Wir wollten noch bummeln gehen und sagten Hai Rong, er solle uns einfach in der Altstadt absetzen. Das machte ihn offensichtlich nervös. »Äh … oder …« – er fummelte am Steuer herum – »also … wie wär's, wenn wir vorher noch schnell eine Kleinigkeit zu uns nähmen? Wenzhouer Leckereien?« Wir hielten den Atem an, wechselten panisch-hilflose Blicke. Was tun? Überraschend schlug sich die Tante auf unsere Seite: »Nudeln!«, ruft sie vom Rücksitz, »ich hätte jetzt Lust auf eine einfache Schüssel Nudeln in Opa Chens Laden!« Ja, stimmten wir begeistert ein: »Opa Chen« klingt gut, »einfach« noch besser. »Nudeln …«, presste Cousin Hai Rong enttäuscht hervor und schenkte der Verräterin einen flehenden Blick. »Das ist doch kein Essen.« Und noch den ganzen Weg zu Opa Chen hörte ich ihn abfällig murmeln: »Eine Schüssel Nudeln …«

Am Tag unserer Abreise bekamen wir dann zum ersten Mal ein ordentliches Wenzhouer Menü serviert, bei Gang Nr. 18 hörte ich auf zu zählen. Es gab sautierte Muscheln und marinierte Krabben, karamellisierten Fisch und gedämpften Frosch. Es gab aber vor allem samtbezogene Stühle mit goldener Schleife, plüschbezogene Kellner mit silberner Schleife, Kerzenlüster so groß wie Schiffsmotoren und eine Galerie sich räkelnder Renaissanceweiber an den Wänden. »Wir haben uns an einer Synthese von Versailles und Louvre versucht«, erklärte stolz der Raumgestalter, auch er ein Cousin der Familie. »Ooh!«, raunten wir bewundernd und zeigten wieder den O. K.-Daumen, da sich die rechten Worte nicht einstellen wollten. Es gab auch gedämpft tapezierte Klos mit einem kleinen Springbrunnen im

Vorraum und der Mona Lisa über der Schüssel, kleiner als im Louvre allerdings. Ich blieb lange bei Mona Lisa sitzen, lange.

Als ich mich wieder zurück zum Tisch schleppte, lag da dieses Sauböhnchen auf meinem Teller, kaum fingernagelgroß, nach Fenchel duftend und glänzend, als sei es lackiert. Ich habe es angestarrt, eine Ewigkeit, und ich schwöre: Hätte ich es gegessen – dieser Text wäre nie geschrieben worden.

Gasthof zum Selbstmord

Wirtin Guo und die gestrandeten Seelen von Beidaihe

Zur Unsterblichkeit, glaubten sie einst, sei es nicht weit von dieser Bucht, deren Luft Pinien und Zedern ein ätherisches Aroma verleihen. Ein paar Meilen nur vom Ufer lockten drei Geisterberge in der Bohai-See, darauf wohnten Unsterbliche. Gib mir Jungfrauen und Knaben, raunte ein Magier dem Kaiser zu, und wir werden die Inseln finden und dir dort das Elixier des ewigen Lebens besorgen. Der Kaiser von Qin – Chinas Erster, Chinas Größter, Chinas Grausamster – willigte ein und der Magier ließ Tausende von Mädchen und Jungen fassen, dann brachen sie auf. Sie kehrten nie zurück.

Zwei Jahrtausende später kam Lily. Sie ließ den Blick schweifen über das nächtliche Meer. Hergetrieben hatte auch sie eine erfundene Geschichte, der Roman »Lied der Jugend«, doch sie hielt nicht nach dem ewigen Leben Ausschau. Das Mädchen stieg ab in einer billigen Pension, die gerade eine Woche zuvor eröffnet hatte. »Komm bald zurück«, hatte die Wirtin gemahnt, als Lily sich zum Strand aufmachte, sie hörte nicht hin. Im Kopf nur den Ozean. Es war wie im Roman beschrieben: *»Die Nacht war tintenschwarz, das Meer rollte sich zu furchtbaren Wellenriesen.«* Lily wollte hinaus in die See, aber die Wellen ließen sie zurückschrecken, bärtige Monstermäuler, die ihre Zähne im Strand versenkten. *»In ihren Augen jedoch war die düstere Gesellschaft noch furchterregender.«* Lily hatte Angst. *»Ohne einen Gedanken stürzte sie sich in die monströs brüllenden*

Brecher.« Nicht vor dem Tod fürchtete sich Lily – sondern davor, sie könnte überleben. Weil die Wellen sie an den Strand zurückwerfen würden. So blieb sie am Ufer, lief auf und ab. Die See aber wollte sie nicht, fauchte sie an bis zum Morgengrauen. Lily lief zurück zum Hotel, verwirrt, enttäuscht. Dort wartete die Wirtin.

Guo Wenxiang war neu im Geschäft und noch ein wenig aufgeregt. Gerade noch waren sie alle Bauern gewesen, hatten Bohnen und Mais gepflanzt. Dann verkündeten die Herren in Peking plötzlich, Kleinunternehmer zu sein sei jetzt nicht mehr »konterrevolutionär«, sondern löblich und heiße von nun an »Reform und Öffnung«. Und so war aus Bäuerin Guo über Nacht die Hotelchefin Guo geworden, man schrieb das Jahr 1984. Guo blieb genau sieben Tage eine einfache Pensionswirtin. Bis zu dem Morgen, an dem jenes Mädchen namens Lily vom Ufer zurückkam und vor ihrer Tür ohnmächtig zusammenbrach.

Als Lily wieder aufwachte, begann sie zu reden, widerwillig zuerst. Sie war vor dem Leben davongelaufen, das ihre Eltern ihr zugedacht hatten: Der Vater hatte sie, wie auf dem Dorf nicht unüblich, dem Sohn einer anderen Familie zur Ehe versprochen, der Bräutigam war zu alledem schwachsinnig. Guo Wenxiang päppelte Lily auf und telegrafierte den Eltern. Als der Vater schließlich angereist kam, erwartete ihn erst einmal eine Standpauke von Frau Guo, die ihn auf die Polizeiwache schleppte. Dort sah das verdutzte Bäuerlein sich genötigt, eine Erklärung zu unterzeichnen, der zufolge die geplante Ehe null und nichtig sei. Als der Zug mit den beiden schließlich aus dem Bahnhof rollte, liefen Lily die Tränen übers Gesicht und sie rief Frau Guo zu, ihr Leben lang werde sie sie nicht vergessen. »Über meine Seele huschte ein Leuchten«, erinnert sich Guo, »und ich hatte eine neue Aufgabe gefunden.« Fortan nahm sich Guo Wenxiang jener an, die nach Beidaihe kamen, um den Tod zu suchen. Und das waren nicht wenige.

Die Geschichte der Guo Wenxiang ist seither verwoben mit den Geschichten einer Schar verzweifelter Menschen, die sich im Meer ertränken wollten und die, als sie die Augen wieder aufschlugen, sich stattdessen in einem Bett in der Pension Wenxiang wiederfanden, in der Obhut der Wirtin. Guo wusch sie, Guo fütterte sie, Guo redete ihnen gut zu, Guo schalt sie und wenn nötig machte sie sie fürchten. Von vielen beklemmenden Anfängen könnte man berichten und von manch glücklichem Ausgang. Und nebenbei von einer Kultur, in die das Phänomen Freitod ganz anders eingewoben ist als in die Zivilisationen des Westens. Wo sich vor allem Frauen das Leben nehmen, mehr als in jedem anderen Land der Erde. Und wo auch die, die gerettet werden, noch kaum mit Hilfe oder nur Zuspruch rechnen können.

Guo Wenxiang ist 58, eine einfache, tatkräftige Frau von unerwartet trockenem Humor. Ihre kleine Pension sieht heute nicht anders aus als vor fast zwei Jahrzehnten. Versteckt liegt sie und ist doch einfach zu finden: »Ah, Frau Guo … ein gutes Herz!«, sagt der Taxifahrer. Man zwängt sich durch enge Gassen, wo sie Badehosen anbieten zwischen Bittergurken und Honigmelonen. Vorbei an einer Privatklinik, welche auf Wandmalereien Männern die Wiederbeschaffung der Potenz und Frauen eine saubere Sterilisation verspricht. Einmal um die Ecke noch, da: die Pension Wenxiang.

Ein hübscher Hof, bewacht von blühendem Oleander und nach Jasmin duftender Gardenie. Neun

Zimmer: spartanisch eingerichtet, sauber. Vier Eisenbetten pro Raum, eine grüne Thermosflasche, eine nackte Glühbirne: vierzig Watt. Ein Dach überm Kopf, ja. Des Nachts teuflisch intelligente Mücken. Morgens und abends trifft man sich vor der Gemeinschaftsdusche. Zehn Yuan die Übernachtung, ein Euro zwanzig, billiger kriegen Sie es in ganz Beidaihe nicht. Eine Quittung? Hat hier schon lange keiner mehr verlangt. Die rettende Idee: »Lass uns beim Stand mit den gedämpften Brötchen fragen«, schlägt die Tochter vor, »der gibt uns bestimmt ein Formular.« »Willkommen im Gasthof zum Selbstmord«, sagt die Chefin.

Das Scherzen hat Guo nicht verlernt. Obwohl sie viel geheult hat in den letzten Jahren. »Das musst du können«, sagt sie. »Heulen, wenn sie heulen; lachen, wenn sie lachen.« Manche Leute fragen sie, ob sie übernatürliche Kräfte habe. Blödsinn, sagt sie dann: »Wenn mir etwas hilft, dann, dass ich so hässlich bin. Mit so jemandem redet es sich leichter, wenn man am Boden ist. Nass und schmutzig kommen sie zu mir. Wenn sie dann sehen: Da steht eine Bäuerin mit dunkler Haut, die sieht auch nicht viel sauberer aus als ich, da schämen sie sich nicht so.«

Beidaihe ist seit hundert Jahren Pekings Sommerfrische, daran sind nicht zuletzt die Deutschen schuld, die 1901, nachdem sie genügend Boxerrebellen gemeuchelt hatten, den Strand erschlossen. Chinas Politbüro lässt sich noch heute des Sommers hier den Bauch bescheinen. Dass Beidaihe gleichzeitig zum Wallfahrtsort von Selbstmördern wurde, ist weniger bekannt. »Die Leute wollen eben eine schöne Erinnerung mit in den Tod nehmen«, meint Lian Fengshan, Chef der örtlichen Polizeiwache. »Mir haben Lebensmüde von unseren grünen Hügeln und dem klaren Wasser vorgeschwärmt.«

Schuld ist aber vor allem jener in den fünfziger Jahren erschienene Roman »Lied der Jugend«, den in China jeder Schüler kennt. Die Heldin Liu Daojing stürzt sich in die See bei Beidaihe, weil sie als Konkubine an einen Landrat verkauft werden soll. Der Roman scheint in China ein ähnliches Echo hervorgerufen zu haben wie einst Goethes »Werther« in Europa: Scharen von Verzweifelten wollten es hernach der Heldin gleichtun. Dabei ist die Freitodszene nur der Anfang des Buches und geht nicht einmal im Sinne der Heldin aus – Liu wird nämlich zuerst gerettet, dann zur Kommunistin und nimmt schließlich an Mao Zedongs Revolution teil, »der nobelsten Sache der Welt!«, wie sie am Ende recht lebensfroh verkündet. Die Wirtin Guo bezieht daraus willkommene didaktische Munition: »Kind! Warum eiferst du nur dem ersten Teil des Buches nach?«, schilt sie oft. »Hast du nicht weitergelesen? Weshalb tust du nicht auch lieber deinen Teil für die Sache der Revolution?« Oder zumindest für das, was von ihr heute noch übrig ist.

Lily war nur die Erste einer langen Reihe. Beidaihes Polizisten fischen oft Lebensmüde aus den dunklen Wassern – und hatten bis dahin nie gewusst, wohin mit den Armen. Jetzt wussten sie es. »Frau Guo ist ein guter Mensch«, sagt Lian Fengshan, der Polizeichef. »Sie hilft uns gern – leider ist sie die Einzige.« Guo schätzt, bis heute habe sie etwa siebzig Mal ihr Hotel zum Lazarett umfunktioniert, siebzig blutende Seelen betreut. Viele seien jung, sagt sie, nicht älter als neunzehn. Fast immer Mädchen. Einfach war es nie.

Die meisten wiesen Guos Anteilnahme erst einmal voller Zorn und Scham zurück. Wie jene Zwillingsschwestern aus Peking. Die Eltern Akademiker, der Vater streng: Oft schlug er die Töchter. Als sie die

Hochschulaufnahmeprüfung verpatzten, schluckten sie Schlafmittel und sprangen Hand in Hand ins Meer. Wie Gespenster hätten sie ausgesehen, als die Polizei die beiden spät nachts anschleppte: das Haar in Strähnen, auf den nassen Kleidern noch Schlamm, Tang und Erbrochenes von der Magenspülung. Guo erschrak und machte ihnen ein Lager. Gäste wachten auf. »Ist das hier ein Hotel für Lebende oder für Tote?«, maulten welche. »Das ist ja unheimlich. Wenn die zwei nicht wegkommen, ziehen wir aus!« Umherirrende Seelen von Selbstmördern gelten Abergläubischen in China als besonders gefährlich. Guo kümmerte sich nicht um das Geschwätz, die Gäste verließen noch am selben Abend das Haus. Guo schlief bei den Zwillingen in dieser Nacht.

Als sie am Morgen aufwachte, sah sie die eine Schwester gerade nach ihrem Puls tasten. »Aber Mädchen«, sagte Guo. »Ich habe eine Mutter, die über achtzig Jahre alt ist, und zwei Töchter: Wir alle leben von diesem Gasthof. Wenn du dir die Pulsadern aufschneidest und das Blut über die Wände spritzt – wer wird dann jemals noch hier übernachten wollen? Wovon sollen wir dann leben?« Guo schloss die Pension für ein paar Tage und kümmerte sich nur um die beiden, kochte für sie und fütterte sie: pustete über die heiße Suppe, kostete jeden Löffel vor: »Ich war zu den Mädchen wie eine Mutter. Sie sollten sich an das Gefühl erinnern, geliebt zu werden.« Als der schockierte Vater kam, die Zwillinge abzuholen, erhielt auch er eine Predigt. Er versprach, sie nie wieder zu schlagen. Guo schreibt den Schwestern noch. Beide, sagt sie stolz, hätten hernach die Universität besucht und seien mittlerweile verheiratet.

Die Zwillinge sind eine Ausnahme. Zu den meisten hält sie keinen Kontakt. Sie wolle sie nicht an ihre dunkelsten Stunden erinnern, sagt Guo. Zudem: »Die haben doch ein neues Leben, sind verheiratet. Oft weiß die Familie nichts von der Vergangenheit. Darüber spricht man in China besser nicht.« Die Einstellung der Chinesen zum Selbstmord ist komplex. Auf der einen Seite haftet ihm ein Stigma an, so stark, dass er 1990 erstmals in einem medizinischen Lehrbuch behandelt wurde. Nicht weil er Sünde wäre gegen Gott wie im Christentum – sondern weil er als Verbrechen gilt gegen Vater und Mutter. »Der Rumpf und die Gliedmaßen, das Haar und die Haut sind einem von den Eltern geschenkt. Sie dürfen nicht verletzt werden«, heißt es im »Klassiker der kindlichen Pietät«. Nicht selten werden Selbstmörder egoistisch und unverantwortlich geschimpft. Tatsächlich appelliert auch Frau Guo an die konfuzianischen Werte, wenn sie etwa einem Mädchen aus Gansu zuredet: »Du willst dich umbringen, weil dein Freund Schluss gemacht hat? Bist du verrückt? Gerade drei Jahre wart ihr zusammen – und wie lange haben dich deine Eltern großgezogen? Zwanzig Jahre! Das zählt! Sie sind alt und können kein Kind mehr bekommen«

Andererseits ist der heroische Freitod China nicht fremd: aus Loyalität zu Kaiser und Reich, zu Moral und Prinzipien. Chinas berühmtester Selbstmörder ist der Dichter und Beamte Qu Yuan, er ging im 4. Jahrhundert v. Chr. ins Wasser, weil er am Hof verleumdet wurde. Das bekannte Drachenbootfest feiert ihn bis heute. Und Frauen, die sich beim Herannahen des Feindes entleibten, wurden »Keuschheitstore« errichtet. Aber das blieben Ausnahmen. Xiao Shuiyuan von der Universität Changsha erklärt die Regel: »Ein Selbstmordversuch gilt als Schande, nicht nur für das Opfer, sondern auch für seine Familie und selbst für die Gemeinschaft.« Suizidgefährdete können in China kaum auf Fürsorge hoffen, vor der Tat so wenig wie danach. Peking steht als bislang einzige Stadt in China Selbstmordgefährdeten aktiv zur Seite. Im Dezember 2002 eröffnete dort ein Selbstmordzentrum mit elf Ärzten, die Rat erteilen und Forschung betreiben.

Guo Wenxiang ist nicht nur in die Rollen von Mutter, Krankenschwester und Ratgeberin geschlüpft, sie hat im Laufe der Jahre auch Zehntausende von Yuan ausgegeben für die Pflege ihrer Sondergäste. Oft spendiert sie ihnen auch noch das Zugticket zurück nach Hause. »Wozu ist Geld schon gut«, meint sie, »wenn nicht dazu, Leben zu retten.« Zu Hause hatten sie all die Jahre hindurch einen alten Schwarz-Weiß-Fernseher, während die Nachbarn schon längst in Farbe schauten.

Es gibt eine erschreckende Statistik: Jede zweite Frau, die sich weltweit umbringt, ist eine Chinesin. Drei von vier kommen vom Land und fast alle trinken sie Pflanzenschutzmittel. In allen westlichen Ländern bringen sich mehr Männer als Frauen um, in China ist es umgekehrt. Psychologen streiten sich noch über die Gründe, in einem aber sind sie sich einig: Selbstmörder in China sind – anders als in Europa – nur selten psychisch krank. Meist handelten sie im Affekt, sei es der viel zitierte »Schrei um Hilfe«, glaubt Psychiater Xiao. Vielleicht ist das auch der Grund, warum Guos Aufopferung so erfolgreich sein kann: So weit sie wisse, sagt sie, lebten noch alle ihrer Patienten. »Das sind keine schlechten Menschen«, sagt sie. »Viele schätzen das Leben hernach mehr als normale Leute.«

Nicht jedem verabreicht sie die gleiche Medizin. »Manche tyrannisieren dich – dann zahlst du es ihnen eben in gleicher Münze heim«, sagt Guo. »Die fürchten nicht einmal den Tod, wieso sollten sie Angst vor dir haben?«

Jenes Mädchen aus dem Nordosten zum Beispiel, bildschön und in tiefstem Liebeskummer. Gegen ihren Willen aus dem Meer gezogen, verwüstete sie erst einmal die Polizeiwache, so dass die Polizisten »mit Tintenflecken im Gesicht wie gescheckte Katzen« das Weite suchten. Die zu Hilfe gerufene Guo setzte auf eine Strategie, die sie »Gift mit Gift bekämpfen« nennt: Sie lief dem fliehenden Mädchen nach, ließ sich schließlich heulend auf die Straße fallen und schluchzte: »Geh doch ins Wasser! Das Meer hat ja keinen Deckel ...«, bis das Mädchen schließlich innehielt – und seinerseits Frau Guo zu trösten begann.

Dann war da die siebzigjährige Bäuerin, die vor ihrem prügelnden Mann davongelaufen war. Guo griff zur Schocktherapie: »Dir ist schon klar, dass die Wellen deinen Leichnam zurück ans Ufer schwemmen – nicht ohne dir vorher sämtliche Kleider weggespült zu haben. Da liegst du dann: Nackt! Und der eine Schaulustige schubst dich mit dem Fuß, der nächste fasst dich an ... was für ein hässlicher Tod! Denk an deine Kinder, wie sie da das Gesicht verlieren werden!« Die Alte sprang nicht.

Ist Guo Wenxiang töricht? Sie selbst sagt das, scherzhaft. Ihre Tochter sagt es auch, die aber ohne Ironie. Einmal hielt Guo im Krankenhaus Nachtwache bei einer Geretteten, da wurde das eigene Kind mit Fieber in eine andere Station eingeliefert. Guo erfuhr erst am nächsten Morgen davon, die Tochter heulte vor Zorn. »Mutter«, stieß sie immer wieder hervor, »wonach trachtest du eigentlich?« Wonach? Guo fiel nur eine Antwort ein: »Ein anständiger

Mensch zu sein.« Sagen wir, Guo Wenxiang hält nicht Schritt: So ein Land ist China mittlerweile, dass ihre Selbstlosigkeit als kauzig auffällt. »Sie lebt in einem anderen Zeitalter«, sagt Herr Wen aus Tianjin. Gerade deshalb aber steigt Stammgast Wen immer wieder hier ab. Zwar fürchte sein Sohn die Frösche im Hof und die Einrichtung sei schon sehr spartanisch, aber das Wesen der Chefin mache das alles wett. Wen sagt dann noch, es schmerze ihn zu sehen, wie Guo von allen Seiten »eingespannt« werde, ohne dass jemand sie wirklich unterstütze. Vor allem prächtige Wimpel hat ihr ihr Tun eingebracht und gravierte Schilder, auf denen »Modellbürgerin« steht oder: »Studiert den Wenxiang-Geist«.

Das Fernsehen hat sie im vorigen Jahr eingeladen, *Klartext*, die beliebteste Talkshow des Landes. Nach der Sendung war sie berühmt, in ihrem Heimatort auf jeden Fall. Plötzlich klappte das mit ihrem schon lange beantragten Eintritt in die Partei ganz mühelos. Investoren klopften an. Wenxiang, sagte einer, lass uns ein neues, großes Hotel bauen: Du machst die Managerin und wir nennen es »Hotel zur Lebensretterin«. Freunde, die Familie, alle drängten: Greif zu, Wenxiang, werde reich. Guo winkte ab. »Das ist nichts für mich. Wo soll ich denn in einem so feinen Hotel die Leute aus dem Meer hinlegen. Da wird erst der schöne Teppich nass und dann das feine Bett schmutzig.«

Guo Wenxiang, die ihr Leben an der See verbracht hat, ist selbst übrigens nie ins Wasser gegangen, nicht mal bis zum Bauchnabel: Sie hat nie schwimmen gelernt.

Und jetzt die ganze Welt

Herbstblüte Shi träumt von der Revolution

Und jetzt die ganze Welt. Wie dankbar die Menschen sein werden, sie strahlt bei diesem Gedanken. Das Wort Dame trifft nicht, schon eher: fröhlicher Kobold. »Kommen Sie, sehen Sie sich doch um …« Sie hüpft umher, die weißen Kleider umwehen den zierlichen Körper. »Hab' ich alles selbst gepflanzt.« Der Finger tippt stolz auf ihren Nasenrücken, schwarze Augen strahlen. Sie flirtet. Teesträucher und Rosenstöcke umrahmen den Lotusteich mit dem moosbesetzten Mäuerlein. Im Frühling duften die Zimtblüten, im Herbst fallen ihr die Pomelos vor die Füße, die großen Mütter der Pampelmusen, die man mit zwei Händen nicht umfassen kann. Shi Qiuying, Herrin des verwunschenen Gartens, hat Feuer und Schneid eines jungen Mädchens und den Händedruck eines Stahlarbeiters. Sie ist 82 Jahre alt. Ausruhen sollen sich andere. »Ich bin Kommunistin geworden«, sagt Shi, »weil ich die Armen befreien wollte. Überall auf der Welt.«

Nachbar Zhen Feng, im gleichen Lebensjahr, doch etwas hinfälliger, wollte das auch. Das heißt – die beiden wollen es noch immer. Zhen kann nicht mehr lang sitzen seit dem Schlaganfall und dem Hüftbruch vor vier Jahren. So stützt sich der freundliche alte Mann auf seine Krücke und verkündet mit all dem Tremolo, das seine brüchige Stimme hergibt: »Der Kampf ist noch nicht vorbei.«

Er sagt das, weil gerade gefeiert wird im Land: Die Revolution hat mal wieder Geburtstag und so schön das ist – ab und zu muss einer daran erinnern, dass es noch mehr zu tun gibt. Dass auf dieser Welt Menschen noch arm sind und leiden. Hier, in diesem Zimmer, hat so ein Satz eine besondere Wirkung. Zhen steht vor einer Galerie von Porträts: mehr als sechzig Männer und Frauen, alle mit ernstem und entschlossenem Blick. Kampfgenossen, Rotarmisten, Revolutionäre. Männer und Frauen, die China befreit haben. Alle tot.

Keine zwei Dutzend sind sie noch, hier in Ji'an, im Altersheim der Revolution: 22 Greise, 22 Krieger, die den Jahrzehnten getrotzt haben. Ihr Jüngster vollendet heuer das achte Lebensjahrzehnt. Die Hälfte von ihnen hat – wie Zhen – den Langen Marsch mitgemacht: eine aberwitzige Wette gegen Tod und Vernichtung, die den Zeitgenossen so unfassbar erschien, dass sie Berichte davon als Märchen abtaten. Der Lange Marsch begründete den Mythos der unbesiegbaren kommunistischen Armee. Die 22 von Ji'an empfinden sich als vom Glück gesegnet. Eigentlich war ihnen keine Chance bestimmt. Dann kam Mao Zedong und gab sie ihnen. Das große Schlachten überlebten sie. Und jetzt im Alter hat der Staat, den sie erkämpften, sie nicht vergessen.

Hier, wo alles begonnen hat, bei den Jinggang-Bergen in der Provinz Jiangxi, lassen sie ihre letzten Jahre ausklingen. Im Veteranenheim der Stadt Ji'an bewohnt jeder von ihnen ein Häuschen mit Vorgarten. Die Stadtverwaltung zahlt ihnen siebenhundert Yuan (neunzig Euro) Rente im Monat. Fünf Fahrer stehen bereit, falls einer zum Einkaufen möchte oder zum Arzt. Es gibt im Verwaltungsgebäude einen Fitnessraum, wo einem ein Band um die Taille den Speck wegrüttelt und einen Fernsehraum, den ein Wandteppich mit der Großen Mauer schmückt. Fernseher haben die meisten aber im eigenen Wohnzimmer, so treffen sie sich hier zum Schach oder, am liebsten, zum *Mah-Jongg*-Spiel. In verwegenen Momenten träumen die alten Kämpfer dann von der Weltrevolution.

»Wir sprechen viel über Politik«, sagt Shi Qiuying. Vor allem aber: »Wir erinnern uns.« An das Leid, aus dem alles entstand. Kann man als Rebellin geboren werden? Shi wurde. Ihre Mutter, eine arme Bäuerin, wählte für sie den Namen Qiuying, »Herbstblüte«. Man kann ihn auch als »Heldin des Herbstes« lesen. Qiuying war drei, als sie ihre erste Rebellion siegreich zu Ende führte. Die Mutter hatte ihr die Füße mit Bandagen zusammengepresst: Qiuying sollten die Knochen gebrochen und die Zehen gegen die Ferse gepresst werden, damit ihr Fußfleisch zu kleinen Klumpen zusammenwüchse, zu »Lotusfüßlein«, auf denen ihre Schwestern schon umhertrippelten. Qiuying brüllte, heulte und warf sich solange umher, bis die Mutter kopfschüttelnd die Bandagen löste.

Qiuying wurde das erste Mädchen im Dorf ohne gebundene Füße. Alle sagten: Die bekommt nie einen Mann ab. Wer will schon eine Frau mit großen Füßen? Qiuying dachte: Pah! Was will ich mit einem Mann? Da ahnte sie noch nicht, dass sie einmal einen Seelenverwandten treffen würde, einen der Helden des Langen Marsches, und dass Rebellion einmal Mode werden würde.

China war Bauernland. Und die Bauern waren am Verrecken. Zehn Prozent der Bevölkerung hatten mehr als zwei Drittel des bebaubaren Landes an sich gerafft. Großgrundbesitzer und Klöster pressten die Bauern mit steigender Pacht in ein Dasein als Schuldsklaven, Beamte und Militärs brachen ihnen mit Abgaben den Rücken. In Provinzen wie Sichuan verlangte man von den Bauern die Steuern auf sechzig Jahre im Voraus. Die Zahl der Landlosen wuchs, Hungersnöte wüteten. In manchen Gegenden füllten die Verzweifelten ihre Mägen mit etwas, das sie »Speise der Göttin der Barmherzigkeit« nannten: Klöße aus Stroh und Erde. Eltern verkauften ihre Kinder, für hundert Yuan. »Wenn bekannt wird, dass ein Schuldner seinen Sohn verkauft hat, eilt der Gläubiger sofort herbei«, berichtet ein Zeitgenosse. »Er brüllt dann den Schuldner an: ›Du hast doch deinen Sohn verkauft. Warum zahlst du mir jetzt nicht mein Geld zurück?‹« Der Autor dieser Zeilen: Mao Zedong.

Mao, der Große. Mao, die Rote Sonne. Der Kaiser, der Messias, der Gott. Dessen Bildnis heute vom Tor des Himmlischen Friedens in Peking so majestätisch herabschaut wie vom Kühlschrank, vom Kalender und vom selbst gestickten Wandbehang seiner rüstigen Jüngerin Herbstblüte Shi. Damals in den Jinggang-Bergen legte er den Grundstein für sein Reich. Ein junger Heerführer war er. Bauernsohn, Stratege, Philosoph, Dichter und Visionär. Genial schon, bescheiden noch. Von kalkulierter, fanatischer Vergötterung noch einen Bürgerkrieg entfernt. Zwei rote Streifen trug er am Revers, wie ein einfacher Soldat. Konkurrenten in der Partei und auch die mächtigen Berater aus Moskau mochten ihn nicht, mehrmals versuchten sie ihn auszubooten. Aber erst Mao gelang das Unmögliche: Dem Strom der Verzweiflung ein Bett zu geben, in den die bittere Not der Bauern und der Unmut der Arbeiter hineinflossen, bis er so anschwoll, dass er die alte Ordnung hinwegfegte.

Zweitausend lange Jahre hatten die Bauern des Reiches gesenkten Kopfes ihre Felder gepflügt. Die Konfuzianer trichterten ihnen Furcht und Gehorsam ein, die Buddhisten verlangten ihnen Duldsamkeit ab und die Daoisten lehrten sie Passivität. Der Kaiserstürzer Sun Yat-sen, der bürgerliche Vorgänger Maos, sagte einmal resigniert, die vielen Hundert Millionen Chinesen glichen einer »Schale losen Sandes« – nichts könne sie zusammenbinden. Mao konnte. Er rüttelte sie wach, die Geprügelten, die Verhungernden, die Betrogenen, und gab ihnen das Korsett einer Organisation. »Ein Funke kann einen Steppenbrand auslösen«, sagte Mao.

Es begann alles mit den Kürbissen. Sagt Zhen Feng, der Mann mit der Krücke. Und Zhen Feng war dabei. Ohne Kürbisse, behauptet er, seien weder die Jinggang-Berge vorstellbar noch die Revolution. »Ohne Kürbisse«, sagt Zhen, »gäbe es das heutige China nicht.« Ein wenig Ironie klingt da mit, aber nur ein wenig. Die Kürbisse nämlich retteten die Revolutionäre. Sie schlangen damals so viel von den gelben Riesenfrüchten in ihre flehenden Mägen, dass sie den Rest ihres Lebens nichts mehr von Kürbissen wissen wollten. Sagt Zhen Feng.

Zhen war zwölf und Waise, als Maos Armee kam. Der Onkel, bei dem er wohnte, machte sich schon vorher aus dem Staub, er war Katholik. Ein Gefühl beherrschte das Kind: Hunger. Tagein, tagaus kauten sie Süßkartoffeln: gebraten, getrocknet, gekocht. Als an einem Sommertag 1929 die Volksbefreiungsarmee in das Dorf Ganxian marschierte, hatte sie den Jungen sofort für sich gewonnen. Denn Kommunismus, das lernte Zhen am ersten Tag, das bedeutete vor allem eines: »Essen«.

Und Land. Und Schule. Den Kommunisten fiel es nicht schwer, die Mehrheit der Bauern in den eroberten Gebieten zu gewinnen – sie hatten etwas zu verschenken. Nicht die Ideologie, nicht das Versprechen auf ein schöneres Morgen, nein: Hier und jetzt schlugen sie die Großgrundbesitzer in die Flucht und verteilten deren Land. »Armee der Armen« wurde sie genannt. Zhen Feng, der bisher die Kühe anderer Leute gehütet hatte, fand sich in einer Schule wieder. Von den Tausend Familien im Kreis hatten zuvor nur ein paar Dutzend es sich leisten können, ihre Kinder in die Schule zu schicken.

Die Rote Armee bildete den zwölfjährigen Zhen zum Krankenpfleger aus. Ihn und achtzig andere Dorfkinder, zu deren Gruppenleiter er ernannt wurde. »Noch nie hatte ich mich so aufgehoben gefühlt«, erzählt Zhen, »Von Kommunismus hatte ich keine Ahnung. Aber ich konnte mich satt essen. Ich hatte Kleider.«

In den Jinggang-Bergen errichtete Mao Zedong in den Jahren 1927 bis 1930 die ersten Sowjetgebiete. Mit kaum mehr als tausend Soldaten war er hierher geflohen. Die schwer zugänglichen Berge waren ausgezeichnet zu verteidigen gegen die Angriffe der Kuomintang-Armee. Dort stellte Mao erstmals die alte Gesellschaft auf den Kopf. Die Landverteilung war das eine – mindestens so revolutionär war Maos Einsatz für die Frauen. Die Kommunisten verboten Vielehe, Frauenhandel und Prostitution, sie predigten Gleichberechtigung und machten Ernst: Ein Ehegesetz erlaubte Frauen die Scheidung und den Landbesitz.

Es floss auch Blut. Der Dickschädel vieler Großbauern trotzte der »ideologischen Umerziehung«. »Und dann waren wir nicht mehr höflich«, knurrt Zhen noch heute in scharfem Ton. Kritikern der vielen grausamen Szenen der Abrechnung – welche die Kommunisten oft schürten und als Praxisunterricht in Klassenbewusstsein nutzten – entgegnete Mao trocken: »Die Revolution ist keine Einladung zum Abendessen.«

In den Jinggang-Bergen entwickelte Mao seine berühmte Strategie des Volkskrieges gegen einen nach Zahlen und Ausrüstung weit überlegenen Gegner: »Greift der Feind an, ziehen wir uns zurück. Ist der Feind müde, greifen wir an. Zieht er sich zurück, setzen wir nach.« Die Kuomintang hatte einen Blockaderiegel um die Sowjetgebiete gelegt, es kam kaum Verpflegungsnachschub durch. Aber es gab ja die Kürbisse. Kürbis in der Früh, mittags und abends. Kürbis ohne Salz und ohne Öl, zur Abwechslung mal mit klarem Bergwasser zu Suppe verkocht. Der Junge Zhen Feng war inzwischen zur Propagandaabteilung abkommandiert. Er sollte die Soldaten aufmuntern, sang Lieder mit ihnen. »Kommt, kommt«, hieß es in einem Spottlied auf die Gegner. »Kommt nur auf die Jinggang-Berge, dann plaudern wir über die Revolution. Kommt nur. Kürbisse halten wir für euch bereit und roten Reis.«

Im Herbst 1934 kam der Befehl zum Ausfall. Es war der Beginn des Langen Marsches.

»Wir wussten nicht, wohin es gehen würde«, erinnert sich Zhen Feng. Sie hatten keine Ahnung von den 12.000 Kilometern, die vor ihnen lagen. Von 370 Tagen Gewaltmarsch durch einige der unwirtlichsten Gegenden der Erde. Durch reißende Flüsse und moskitoverseuchte Sümpfe. Über die schneebedeckten Gipfel Tibets und durch die Urwälder feindseliger Eingeborenenstämme. Mit Strohschuhen und kurzen Hosen liefen einige los, bald waren sie barfuß. Tag und Nacht marschierend. Im Nacken die Truppen der Kuomintang, über den Häuptern deren Bomber. Stoff für Heroensagen zuhauf.

Wie jene Überquerung des Dadu-Flusses in den Schluchten Westsichuans. »Wir waren 120 Kilometer in einem Tag und einer Nacht bei Regen marschiert«, erzählt Zhen Feng. Da, endlich: die Hängebrücke von Liuding. »Eine Niederlage hier bedeutet den sicheren Tod«, schärfte General Peng Dehuai den Soldaten ein. Aber nur noch Eisenketten führten über die Schlucht – die Planken hatte der Feind entfernt. Am anderen Ufer hatte er sich in einem Maschinengewehrnest verschanzt. Da schnallten sich dreißig Freiwillige Handgranaten auf den Rücken, hangelten sich hoch über dem schäumenden Fluss und unter dem Feuer des Feindes die Ketten entlang – und warfen die Granaten in die Stellung der Kuomintang-Truppen. Die Armee konnte überwechseln.

Als Maos Soldaten nach einem Jahr in den Lössgebieten von Yan'an in der Provinz Shaanxi ankamen, da zählten sie noch achttausend. Von mehr als achtzigtausend, die sich aufgemacht hatten. Von der Gruppe der achtzig Kinder aus Ganxian hatte ein einziger überlebt: Zhen Feng. Eine Niederlage? Das Ende? Im Gegenteil. Mao Zedong schrieb im Dezember 1935 in Yan'an prophetische Zeilen: »So etwas wie den Langen Marsch hat die Menschheit noch nicht gesehen. Er ist ein Manifest, eine Propagandakraft, eine Saatmaschine«.

Tatsächlich war es der größte Propagandafeldzug der Geschichte. Die Rote Armee durchquerte drei Provinzen mit einer Bevölkerung von zweihundert Millionen. Und die Menschen staunten. Armeen kannten sie bisher als wilde Trupps raubender, brandschatzender Söldner. Wie anders dagegen die Kommunisten. Diszipliniert und von ihrer Idee beseelt. Sie zahlten für jedes Huhn, jede Schale Reis. Ihr Ruf eilte ihnen voraus. Bauern eilten den Marschierenden entgegen, um nach dem »Herrn Sowjet« zu fragen und ihn zu bitten, auch ihren Weiler zu befreien.

Deshalb siegte der Kommunismus in China. Weil die Bauern es wollten. Weil Zhen Feng und Herbstblüte Shi dafür ins Feld zogen. Sie haben zu lange gekämpft, zu viel geopfert, um sich ihren Glauben nehmen zu lassen. Hatte Mao, der heilige Mao, nach seinem Sieg nicht Millionen Menschen auf dem Gewissen, gute Bürger, gute Kommunisten gar? Haben seine Büttel nicht gefoltert, seine Anhänger gemordet? Hat er nicht selbst Hungersnöte über das Land gebracht und die verheerende Kulturrevolution losgetreten? Hat er nicht sein Land, mit dem er »England überholen und Amerika einholen« wollte, um Jahrzehnte zurückgeworfen?

Herbstblüte Shi guckt ein wenig traurig. »Ja, das war ein Fehler.« Aber sie zögert nicht lang: »Welcher Mensch ist schon perfekt? Und außerdem« – Shi beugt sich herüber, wie um ein Geheimnis mitzuteilen: »Auch Mao wurde benutzt und betrogen. Von der Viererbande.« Und heute? All die Kader, die das Volk zu Bücklingen zwingen, statt ihm zu dienen? Die wuchernde Korruption? »In jeder Familie gibt es schlechte Mitglieder«, antwortet Shi entschieden.

Herbstblüte Shi liest jeden Tag den *Seniorenfreund* und die *Referenz-Nachrichten* mit den Auslandsberichten, wenn sie um halb sechs Uhr im Morgengrauen von ihren *Qigong*-Übungen zurückkehrt. Beim *Mah-Jongg*-Spiel im Gemeinschaftssaal werde oft politisiert, erzählt sie, aber nie gestritten. »Nein«, Herbstblüte Shi guckt erstaunt. »Wir sind uns meist einig.« Darüber zum Beispiel, dass es China nie besser ging als in den letzten zwanzig Jahren der Reformpolitik. In China seien »Himmel und Erde umgestürzt«, sagt Herbstblüte Shi. »Bergland war das hier früher. Jetzt haben wir sogar ein zwanzigstöckiges Hochhaus.« Die Kinder sind alle versorgt. Der älteste Sohn – Herbstblüte Shi gebar ihn 1944 während eines mehrmonatigen Gewaltmarsches und trug das Baby auf dem Rücken nach Jiangxi – arbeitet heute im chinesischen Konsulat in New York.

Gegen die grassierende Marktwirtschaft hat sie nichts einzuwenden: »Keiner darf stehen bleiben.« Der Kommunismus sei schließlich »eine flexible Sache«. Wer in China loyal bleiben wollte all die Jahre und Purzelbäume hindurch, der musste unweigerlich zu dieser Erkenntnis gelangen. »Ich war Soldatin Maos und hernach Soldatin Deng Xiaopings«, sagt Herbstblüte Shi. »Jetzt bin ich Soldatin der neuen Führer.« Sie ist es gern.

Rote Erde, dichtes Grün. In die Jinggang-Berge, wo die Rote Armee um ihr Überleben kämpfte, fallen heute Touristen ein. Ein Land wie geschaffen für Postkarten und die alte Hundert-Yuan-Note, die der Hauptgipfel das Massivs heute ziert. Wasserfälle von mehr als hundert Metern; fette schwarze Falter, die von Baum zu Baum taumeln. Neben dem Schlachtfeld am »Gipfel der Meeresgrenze« finden sich zwei Schilder. Das eine preist den revolutionären »Geist der Jinggang-Berge«. Das andere listet Telefonnummern auf – im Falle von »Shopping-Beschwerden«.

Genosse Zhen, Politkommissar und Veteran des Langen Marsches – sagen Sie, ist China denn heute noch ein kommunistisches Land? Zhen legt den Kopf schief, dann ringt er sich eine Antwort ab: »Ein wenig Ähnlichkeit hat es schon.« Doch, es gibt noch viel zu tun.

Ohren auf!

Luo ist sauer. Eine Stunde im Taxi auf der Brücke festgesessen, eine Stunde Abgase geschluckt. Ein Unfall, dachte er zuerst, aber nein: Jackie Cheung war schuld. Der Hongkonger Herzensbrecher Cheung singt heute Abend im Arbeiterstadion und hat den Verkehr in der Innenstadt auf dem Gewissen. »Verdammte Scheiße … Jackie Cheung, diese Heulboje …«, Luo raucht vor Zorn. »Dieser Hongkonger … Müll!« Luo selbst hat auch gesungen an diesem Tag, vielleicht rührt daher seine schlechte Laune. Dabei waren sie Dritte geworden. »Dritte, Mann!«, sagt Luo ein Glas Weißbier später. »Und das ist noch Musik!« Bei Luo weiß ich nie, ob er so etwas ernst meint. Gut möglich.

Luo hat an einem Wettbewerb teilgenommen. Chorgesang. Zum Ruhme der Partei. Die Partei nämlich feiert Geburtstag, ihren einundachtzigsten. Und der Verlag, in dem Luo arbeitet, hatte beschlossen, zur Feier sämtliche Abteilungen gegeneinander antreten zu lassen, 19 Chöre insgesamt. Es ist einer der größten staatlichen Verlage in China und genau genommen singt das ganze Jahr über jede Zeile, die dieses Haus auf Zeitungspapier, in Buchseiten und über Internetticker verlässt, das Loblied der Partei. Mein Freund Luo ist kein Schreiber, er macht Geschäfte für den Dinosaurier. Was in den letzten vier Wochen unmöglich war: Weil alle Singen üben mussten, einen Monat lang. »Staatsbetrieb …«, seufzt Luo, der wichtige Geschäftsreisen verschieben musste.

Luo hat einmal Gesang studiert, also machten

sie ihn zum Solisten. Die anderen Chöre besorgten sich heimlich Dirigenten von außerhalb, professionelles Doping gewissermaßen, eine Kollegin von Luo schleppte ihre Mutter an, die einmal Tänzerin bei der Volksbefreiungsarmee war, später bildete sie Models aus. Der Schwerpunkt der Proben verlagerte sich so für die dreißig Mitglieder in Luos Mannschaft unweigerlich auf die Choreografie. Luo selbst fand sich schließlich in heroischen Posen wieder, die die Freude der Bauern über die Ankunft der Roten Armee illustrieren sollten. »Wir sahen gut aus«, erzählt er ehrlich begeistert, »in unseren Bauernklamotten, mit Tüchern um den Kopf geschlungen.« »Die Berglilien blühen rot« sangen sie. »Ein schönes Volkslied aus den Dreißigern«, meint Luo, »nicht der übliche Parteikitsch«. Obwohl die Lilien natürlich nur deshalb so rot blühen, weil die Befreiung der darbenden Bauern durch die Kommunisten bevorsteht.

Es reichte für den dritten Platz. Den zweiten Platz holten sich die Drucker. Gegen die hatten die anderen keine Chance: Die Drucker rückten mit achtzig Mann an und überzeugten die Jury durch schiere Präsenz. »Schließlich«, kommentiert Luo trocken, »steht die Kommunistische Partei stets auf der Seite der Massen.« Warum die Drucker dann nicht den Siegerpokal holten? Weil auch Parteisekretär und Verlagsleiter antraten. Sie sangen: »Die rote Fahne der Partei geht niemals unter«. Da hatten sie keine Wahl, weder die Jury noch der Tontechniker, der beim Auftritt der Führung die Lautstärke merklich hochdrehte. Behauptet Luo. Übrigens gingen auch die Letztplatzierten nicht leer aus: Sie erhielten einen »Preis für Vorzüglichkeit«. Vorzüglichkeit, hehe. Luo grinst und hebt die Hand: »Noch ein Weißbier.«

Der nackte Konfuzius

Chinas vornehmste Familie rappelt sich auf

Sophie ist zwölf und eine Londoner Göre, und dass unter ihren Vorfahren einer den Namen Konfuzius trug, ist ihr herzlich egal. Sophie wird singen. Sie spricht kein Wort Chinesisch und kennt keine Verse aus der Tang-Zeit. Hier, in einem Gemach des alten Palastes, steht das Mädchen, schüttelt kokett sein langes, helles Haar und wirft sich in Pose. Vor dem Großvater, vor den zum Festmahl versammelten Großtanten und -onkeln der Familie Kong. Sophie wird auch tanzen. Als Einzige im Raum wird sie sich nicht darum scheren, wer an diesem Ort zur Welt gekommen ist, vor genau 79 Generationen. Während die anderen erhaben kauen an den Jahrtausenden, die auf ihren erlauchten und geprügelten Schultern liegen, wird Sophie von Scheinwerferlicht und Federboas träumen. Mindestens.

Sophie singt heute für den Großvater. Der hat es versucht, das Davonlaufen. Vergebens. Sie haben ihn hierher zurückgeschleift, immer wieder. Die Eigenen, die Feinde. Jetzt, mit 74 Jahren, ist er erneut heimgekehrt nach Qufu. Freiwillig diesmal. Naja – er grummelt –, mehr oder weniger. Es geht um vier Millionen Menschen, die alle in ein Buch müssen: Die Familie des Konfuzius ergänzt ihren Stammbaum, wie sie es seit Urgedenken getan hat, alle sechzig Jahre ein Mal. Und Großvater Kong Deyong zahlt für das gewaltige Unterfangen. Ausgerechnet. Wo er doch das alles weit hinter sich lassen wollte.

Die Familie Kong: die Familie des Konfuzius,

die Familie des Großvaters. Am besten, man beginnt die Spurensuche dort, wo alles Leben endet. Auf dem Friedhof. Der kein normaler Friedhof ist, sondern ein Wald. Eine Wildnis voller Zypressen und Pistazienbäume. Wo aus den Tiefen der Vergangenheit verwitterte Grabsteine hervorragen, wo Löwen die Zähne fletschen, aus Stein gemeißelt wie die Mandarine mit dem Schwert, welche die Ruhe der Seelen bewachen sollten und das nicht immer geschafft haben. »Wald der Kongs« nennen sie ihn. Denn Kong war sein Name, und weil seine Schüler ihn »Meister Kong« riefen (Kong Fu Zi), heißt er bei uns Konfuzius.

Welch ein Labyrinth. Hat man das schon einmal gehört, dass ein Friedhof zweimal so groß ist wie die Stadt, zu der er gehört? Hunderttausend Bäume hüten hunderttausend Gräber und hunderttausend Generationen von Würmern labten sich an Leichnamen, die alle diesen Namen trugen: Kong. Vom Ruhm des Philosophen flüstert dieser Wald, von der Macht seiner Lehre, vom Rang seiner Familie. Reiche verrotteten, Dynastien zerfielen, Kaiser verschwanden, nur die Kongs blieben. Weil die Gedanken des Konfuzius blieben: die ewige Achse, um die herum eine launische Geschichte das Volk Chinas wirbelte. Kein zweites Mal auf Erden gibt es eine solche Sippe: Den Kaisern ebenbürtig und sie überdauernd, ganze 2500 Jahre, bis zum heutigen Tag. Der Triumph des Gedankens über die Macht?

Wenn's nur so wäre. Sicher ist dies: Der Konfuzianismus hat China so durchdrungen und geformt wie das Christentum Europa. Die Chinesen verdanken ihm Regeln und Werte ihres Zusammenlebens, das Modell, dem folgend ein jeder seinen Charakter zu bilden hatte: Sei menschlich! Sei rechtschaffen! Studiere! Gehorche! Wer als Europäer das Prestige der Familie Kong verstehen möchte, der stelle sich vor, im Vatikan säßen nicht irgendwelche Päpste, sondern die Nachkommen Jesu persönlich. Nie verließ die Familie Kong den Ort, in dem Konfuzius geboren wurde und starb: Qufu. Die Kaiser pilgerten dorthin, einer nach dem andern, machten dem ihre Aufwartung, dem allein auch der Himmelssohn den Kopf zum Kotau darbieten musste: Konfuzius, seiner Statue vielmehr, welche die Pilger in feierlicher Weisheit erwartete. Mit Froschaugen und Hasenzähnen zudem, der Meister soll keine Schönheit gewesen sein.

Großvaters erste Frau liegt nicht weit vom Urahn begraben. Ein Mobiltelefon hat die Familie mitgebracht, ein Auto, eine TV-Fernbedienung. Sie zünden es an, es ist alles aus Pappe, bis auf die Räucherstäbchen. »Oma hat es im Himmel aber angenehm«, sagt Sophie. Dann springt sie auf den Opfertisch, zieht ihr Brüderlein Jamie hoch, sie turnen herum. Die Mutter der beiden schaut unruhig. Blond ist sie und Britin. »Richard!?«, alarmierend stößt sie ihren Mann an. Richard ist am Handy, wirft der Grabgymnastik einen flüchtigen Blick zu. »Schon okay«, findet er. Wie der Großvater ist er Geschäftsmann in Hongkong, er handelt mit Pharmazeutika.

Richard glüht in diesen Tagen vor Stolz, wiedergefundener Adel färbt seine Wangen, die seiner blondierten Frau nicht weniger. Ein Knospen ist in Qufu zu beobachten, ein Widerschein des alten Glanzes blinkt auf. Eine Renaissance? So deuten es jene, die Kong heißen, und die haben den Ort so im Griff wie die Zikadenschwärme seine Platanen. Also zirpen sie es einem ins Ohr, unermüdlich und tausendfach und voller Genugtuung: wie der Staat wieder einmal bei ihrem Ahnen um Rettung ersuche, wie die Familie mitten in der Wiedergeburt stecke – das *Jiapu*, der gedruckte Stammbaum, ist ihnen Symbol dafür: der Keim, um den sich die Sippe wie ein Kristall im Entstehen wieder ordnen soll. Und der Großvater? »Oje«, flüstert der so, dass die Verwandten nichts hören, »eigentlich hab' ich mit der Sache gar nichts am Hut!« Er hüpft davon, heiser lachend, der Narr am Hof. Der zufällig das Sagen hat.

Als der Großvater so alt war wie heute seine Enkelin Sophie, da wohnte er im Palast in Qufu: ein Kong der 77. Generation. Er war der Cousin des letzten »Herzogs der Höchsten Heiligkeit« (diesen vom Kaiser verliehenen Titel durfte das jeweilige Familienoberhaupt tragen). Dann fielen die Japaner in China ein und der Herzog floh nach Taiwan, wo er heute noch lebt: Er – mächtiges Symbol für die alte chinesische Kultur – durfte nicht zur Puppe der Japaner werden. Zurück blieb die Familie des Großvaters. Die letzte, die jemals im Palast wohnen sollte.

Und wie das Palastbewohner so an sich haben, wenn sie in 463 Zimmern residieren und über verzauberte Höfe gebieten, in denen Trompetenbaum und Granatapfel blühen, als habe sie ein Maler gesetzt; wenn sie einem Hofstaat vorstehen, der 196-gängige Bankette serviert, bei denen geschmorte Kamelhöcker und sautierte Bärentatzen noch lange nicht die Höhepunkte sind; wenn sie einem Clan angehören, der einst über eine Dienerfamile gebot, die über Generationen hinweg nichts anderes getan haben soll als Sojasprossen zu schneiden – wie solche Herrschaften das also an sich haben, so urteilen sie oft anders über ihr Leben als der gemeine Mann das erwartet: »Es war zum Sterben langweilig«, sagt Kong Deyong.

Man kann sich die Seufzer der Familie über den jungen Mann vorstellen, der so gar nicht geraten war wie die Klassiker das für geboten hielten. Eines Tages blickten die Eltern auf den Hof und rieben sich die Augen: Da stand der Großvater und tat mit großem Schwung die ihm unter Androhung von Prügel geheißenen Kalligrafieübungen. Aber außer dem Pinsel in seiner Hand trug er nichts am Körper, er stand nackt da.

Der Großvater war etwas, was der Konfuzianismus eigentlich nicht vorsieht: Er war ein Rebell. »Es war mir zuwider«, ruft er aus, mit einem Blitzen in den Augen: »Das ganze Zeremoniell, die Riten! Kontrollieren wollen sie einen damit. Ich hatte nur einen Gedanken im Kopf: Raus!« Sollte der Teufel den Konfuzius holen, Großvaters Leidenschaft war die Musik: Er wollte Klavier studieren. Haute ab. Dreimal. Wurde geschnappt. Dreimal. Musste zur Strafe im Hof knien. Der Zwangsheirat mit einer neun Jahre älteren Cousine entging er durch Hungerstreik. Erst als die Japaner kapitulierten, im Sommer 1945, da ließen ihn die Eltern ziehen. Kong Deyong war 18. Noch immer verheerte Bürgerkrieg das Land, er landete bei den Rotarmisten. Und half so denen an die Macht, die an des Teufels statt den Konfuzianismus holten. Den Kommunisten. Da klatschte der Großvater noch Beifall: Weg mit dem alten Geschwafel, hinfort mit Verkrustung, Lähmung, Korruption. Kong Deyong empfand den Knockout der alten Lehre erst einmal so wie die Mehrheit: als Befreiung.

Dabei war auch Konfuzius einmal ein Revolutionär gewesen. In einer von Geistern und dem Himmel beherrschten Welt entdeckte er den Menschen. Moral und Tugend in die Welt bringen, das wollte er. Die Ordnung, so predigte er, stelle sich dann schon von alleine ein. Konfuzius nahm Immanuel Kant vorweg: »Tue keinem etwas an, von dem du nicht willst, dass es auch dir angetan werde.« Er hieß die Könige dem Volk ein Vorbild sein, es wohlhabend zu machen und zu erziehen. Vor allem nämlich war er ein Lehrer. Einer, der zu seinen Lebzeiten (551–479 v. Chr.) dreitausend Schüler um sich versammelte, auf den aber, es war zum Verzweifeln, kein König hören wollte: Der Meister lebte in kriegerischen Zeiten, das Reich war zersplittert und die meisten der in Blut watenden Fürsten fanden, der wandernde Weise mit seinem wohlfeilen Gerede von der Tugend könne ihnen den Buckel hinunterrutschen.

Ein bitteres Los? Man höre zuerst, was der Ruhm nach seinem Tod aus seiner Lehre machte: Die Kaiser des geeinten China nahmen den Denker zur Geisel – und benutzten ihn fortan, um ihr Volk zu beherrschen. Dazu eignete sich Konfuzius nicht einmal schlecht, denn er hatte unbedingten Gehorsam gepredigt: Der Untertan gehorche dem Herrscher, der Sohn dem Vater und die Frau dem Manne. Die Kaiser machten ihn zu ihrem Staatsphilosophen – und letztlich zum Reaktionär. In seinem Namen erstickten sie den freien Geist im Land, zwei lange Jahrtausende. Und Konfuzius selig lag all die Zeit unter schattigen Zypressen im Wald der Kongs und wurde nicht nach seiner Meinung gefragt.

Seinem Urenkel in 77. Generation wären 1966 durchaus ein paar abfällige Worte über das reaktionäre Erbe des Konfuzianismus eingefallen. Die Roten Garden aber, Maos Kinderrevolutionäre, wollten so etwas nicht hören von einem Herrn Kong aus dem Palast. Und taten, was der Großvater als das Traurigste empfand, was man ihm antun konnte: Sie stahlen ihm 13 Jahre seines Lebens.

Dass sie das gleichzeitig auch Millionen anderen antaten, machte es nicht leichter. Eben noch Lehrer am Musikkonservatorium in Peking, fand sich Kong Deyong auf Knien wieder vor »den Massen«, die ihm ihren Hass ins Gesicht spuckten und ihn bis zur Ohnmacht in die »Flieger«-Stellung zwangen. »Andere tragen Schmuck um den Hals«, erzählt er – »ich trug vier Ziegelsteine«. Im Wald gruben die Teenager-Rebellen den Leichnam des alten Herzogs aus, hängten ihn an einen Baum und peitschten ihn mit Gürteln aus. Das nannten sie Revolution. Als Kong Deyong und seine Frau schließlich aus den Arbeitslagern kamen – man hatte sie über Jahre getrennt –, als der Albtraum verflogen war, lief er ein letztes Mal davon, aus seiner Stadt, aus seinem Land: Kong ließ sich 1980 in Hongkong nieder, er hatte die Schnauze voll, aber gestrichen.

China ist seither ein anderes Land geworden. Und ein weiteres Mal unterwarf sich der alte Gedanke einer neuen Macht. Oder ist es anders herum? Den Kommunisten in China ist der Glaube an den Kommunismus verloren gegangen, ratlos stehen sie da mit ihrer Herrschaft, für die sie eine Begründung und ein Korsett brauchen. Den Nationalismus hat die Partei sich ausgeguckt, aber der allein macht die Volksseele nicht satt – und so dürfen sie frohlocken, die Enkel des Konfuzius: Die Kaiser verbeugen sich wieder. Konfuzianische Schulen sprießen im ganzen Land, konservative Denker preisen einen der Zeit angepassten Konfuzianismus als Rettung der Nation und der Präsident verkündet, es sei nun an der Zeit, mit »Tugend« zu regieren.

Qufu blüht, trotz knapp dreier Millionen Besucher im Jahr ein sympathisch verschlafenes Städtchen, in dem selbst die örtliche Destillerie den Geist des Ahnen atmet: »Mit unserem ›Konfuzius-Schnaps‹«, doziert Direktor Sun, »verbreiten wir den Ruf des Meisters.«

Den hat China dringend nötig. Meint etwa Han Xikai, Direktor der Konfuzius-Akademie in der Provinzhauptstadt Jinan. Wo doch die Korruption grassiert (»China ist ein einziger Nachtclub«, befindet der Großvater) und das Verbrechen frech den Kopf hebt. Han seufzt: »Heute betrügen die Leute sogar ihre Freunde.« Moral, Harmonie, Loyalität, Disziplin, Fleiß, Familiensinn – all dies brauche das zwischen den Zeiten taumelnde Land, und der Meister hat es im Angebot. Es ist die alte Verlockung für die Herrscher: »Konfuzius ist immer dann nützlich, wenn der Staat Stabilität sucht und das Denken der Menschen vereinheitlichen will«, sagt Kong Xiangjin, der Leiter des Tourismusamtes von Qufu, seines Zeichens 75. Generation. Sein Vetter Kong Xianglin, Direktor des örtlichen Museums, dieselbe Generation, gesteht zwar zu, dass der ehrwürdige Ahnherr sich besser nicht so geringschätzig über Kaufleute und Frauen geäußert hätte, argumentiert aber leidenschaftlich, wie jetztzeittauglich die Lehre sei: »Schauen Sie sich Japan oder Korea an – die sind konfuzianisch bis auf die Knochen. Und haben damit ein Wirtschaftswunder gestemmt.«

Museumsdirektor Kong wurde vom Familienrat auserkoren, über die Neuauflage des Stammbaums, des *Jiapu,* zu wachen. In der Funktion betreibt er auch die Wiedergutmachung an Chinas Frauen, denen die Entartung konfuzianischen Gedankenguts in den letzten tausend Jahren nicht gerade wenig zugesetzt hatte: Zum ersten Mal werden weibliche Kongs in das Buch aufgenommen. »Unser Beitrag zur Gleichberechtigung«, sagt Kong Xianglin. Einfacher macht das seine Aufgabe nicht: Mehr als vier Millionen lebende Kongs muss er aufspüren, der Clan zählt so viele Mitglieder wie Norwegen Einwohner. Zum Vergleich: 1937, bei der letzten Auflage, waren es gerade mal 650.000 Männer, die man in insgesamt 140 Bänden registrierte.

Nach drei Jahren Arbeit zählt der Direktor erst zwei Millionen Kongs in seinem Netz. »Ein Wahnsinnsunternehmen«, sagt er, will sich jedoch nicht entmutigen lassen – auch nicht von den Verwandten, die absagen, weil sie gute Kommunisten sein wollen, wie unlängst jener General Kong aus Peking. Die KP wollte die Tradition der Familienstammbücher gleich nach ihrer Machtübernahme beerdigen – aus Angst vor der Macht der Clans. »So ein Schmarrn!«, findet Großvater Kong Deyong. Er gibt sich keine große Mühe zu verbergen, dass ihm bei aller innerer Distanz zu Konfuzius eines noch mehr gegen den Strich geht: die KP. Warum? Ganz einfach: »Ich liebe die Freiheit«, sagt er. »Ich schaffe es nicht, auf Befehl ›rot‹ zu sagen, wenn ich ›weiß‹ sehe.« Noch einfacher: Er habe keine Lust auf alte Männer, sagt er, der 74-Jährige, und blinzelt hinüber in die andere Sofaecke, wo eine junge Frau gerade ihre Locken hochtoupiert. Gemahlin Nummer drei macht sich fein fürs Abschiedsdiner.

Es ist ein Gastmahl wie aus dem Bilderbuch. In einem Raum des ehemaligen Palastes trifft sich der engste Kreis: früh ergraute Tanten aus Qufu, honorige Vettern aus Peking, gewichtige Onkel aus Singapur und natürlich der Großvater aus Hongkong, der auch das Bankett bezahlt. Auf kalte Ente folgt süß-saurer Aal, auf Danksagung folgt Lobpreis, auf Trinkspruch folgt Trinkspruch. Dann erhebt sich der Erste und bringt mit sonorem Pathos – »… im

Bambusdickicht saß ich ganz allein ...« – 1300 Jahre alte Verse zum Vortrag. *Hao!* Applaus, Gläser klirren. Der Großvater springt auf, beginnt zu singen, dieselben Verse in Liedform. *Hao! Hao!* Bravo! Sängerwettstreit erfasst die Tafel: eine Arie aus der Peking-Oper, ein Volkslied aus Qufu. Als wären die guten Zeiten nie vergangen und China noch immer ein Reich der Literatengelehrten.

Mit einem Mal steht da Sophie, die zwölfjährige Sophie, die kein Wort Chinesisch spricht und kein Tang-Gedicht beherrscht. Im glitzernden Minikleid, über den bloßen Schultern ein hauchdünner Schal. Auch sie wird singen, für den Großvater. Im Raum ist es still, die schlaksigen Arme schlenkern, die nackten Beine zucken. Die blonde Mutter schaut, gespannt und hingerissen, und Sophie singt und ihr frühreifer Körper bebt, ganz MTV-Lolita wie ihr Idol Britney Spears: »Oops, I did it again!«, haucht Sophie zuletzt mit geschlossenen Augen und streckt ihren Schmollmund dem Publikum entgegen. Jenen Onkeln und Tanten, die mit jedem lasziven Schlenker ein Stückchen mehr versteinerten und nun entgeistert auf Sophie starren, das Londoner Gör, das unter dem Namen Kong Cuiyuan Eingang in den Stammbaum der Nachfahren Konfuzius' finden wird. »Bravo!«, sagt der Großvater und nimmt Sophie in den Arm.

Eiserner Lotus

Im Dorf Liuyi stirbt das alte China

Das Mädchen. Sitzt auf dem Schoß des Vaters, er schaukelt sie, stupst sie in die Seite, macht Scherze. Das Mädchen lacht nicht. Etwas ist heute anders. Es ist Drachenbootfest, der Wahrsager hat gemeint, das sei ein guter Tag. Die Schwester und die Großmutter sind so stumm. Die Mutter ist seltsam gereizt, auf dem Tisch liegt eine Schweineklaue.

Die Tänzerin. Tanzte für ihn, ein Jahrtausend zuvor. Er war ein Poet, aber weil er auch Kaiser war, schenkte er ihr eine Bühne aus Gold, geformt wie die Lotusblüte, die sich strahlend aus dem Schlamm erhebt. Sie war jung und tanzte auf dem goldenen Lotus gleich einer wirbelnden Wolke. Ihr zierlicher Fuß verschwand ganz in seiner Hand, eines Tages umschnürte sie ihn mit Seidenbändern, da wurde er noch winziger, und ihr Tanz war von da an ein schwereloser Flug. Sie machte ihn beben. Das, sagen manche, sei der Anfang gewesen. War es so?

Nur dies ist gewiss: Jener Kaiser Li Yu verlor im Jahr 975 sein Reich, er war der Letzte seiner Dynastie. Trauerte auf dem Weg in die Gefangenschaft nicht um seine Ahnen, wie es sich gebührt hätte. »Stattdessen«, klagte ein Nachgeborener, »stand er mit Tränen in den Augen vor seinem Harem und hörte sich die Abschiedsweisen der Hofschönen an.« Li Yu lebte für die Schönheit. Den Preis dafür zahlte nicht er allein. »Wieviel Kummer kann man ertragen?«, heißt es in einem seiner Gedichte: »So viel wie der Fluss an Fluten nach Osten führt.«

Dreißig Generationen. Tausend Jahre. Wie viele Frauen?

Das Mädchen. Starrt auf die schweigende Mutter. Die seufzt. Was musste sie auch vier Töchter zur Welt bringen: können nicht den Ahnen opfern, kosten bloß und heiraten dann in eine andere Familie. Die Mädchen bescherten der Mutter ein Lebtag nur Sticheleien von der Schwiegermutter. Jetzt nicht noch einen Fehler begehen, denkt sie. Das Mädchen soll einmal einen guten Mann, eine bessere Familie finden. »Xiuying, du wirst bald groß«, hatte sie eines Tages gesagt. »Kleine Füße, ihr wachst etwas langsamer!« An dem Tag bekam das Mädchen sein erstes Paar Schuhe, schmal und spitz. Wollte zuerst nicht, fing sich eine Ohrfeige ein. Von da an war es vorbei mit Barfußlaufen.

Vater und Onkel zündeten sich ihre Pfeifen an, lehrten sie lustige Verse. In den Liedern ging es meist um schiefmäulige, alte »Quadratlatschen«, die keinen Mann abkriegten. Das Mädchen sang mit, alle klatschten. Jedesmal, wenn das Mädchen von da an auf der Straße einer Frau mit großen Füßen begegnete, schloss es erschreckt die Augen aus Angst um seinen Traum: die Schönste im Dorf zu werden, die mit den kleinsten Füßen. Heute aber, da die Mutter die Schweineklaue in Wasser taucht und damit die Türstöcke besprengt, da sie murmelt: »Mögen sie so klein werden wie diese Saufüßlein«, da verkrampft sich dem Mädchen die Brust. »Was heulst du?«, schimpft die Mutter. »Blut und Eiter fließen erst später.« Die große Schwester nimmt ihre Hand: »Keine Angst«, flüstert sie. »Denk nur, wie schön du sein wirst!« »Willst doch nicht wie eine Luoluo enden«, wispert die Großmutter. Das Mädchen bekommt einen Schreck, nein, keine Luoluo. So nennen sie die Frauen von den Bergstämmen hier, am Rande des Reiches. Unzivilisierte Völker. Frauen mit großen Füßen.

Der duftende Lotus. Als Silhouette vor einer Laterne. Gebettet in die Hand eines Mannes. Als zierlicher Abdruck in frisch gefallenem Schnee. So, fand der Ästhet Fang Xun vor mehr als zweihundert Jahren, entfalte ein gebundener Fuß seine ganze Schönheit. Fang unterschied 58 Formen des »duftenden Lotus«, eine »Bambussprosse« etwa war weniger spitz als ein »Neumond«. Weich sollte der Fuß sein, harmonisch gewölbt, schlank, spitz – und möglichst winzig. Der »Goldene Lotus« war das selten erreichte Ideal, er maß drei Zoll, zehn Zentimeter. Silberne Lotusse waren etwas größer und ein Eisenlotus kam heraus, wenn Bauernfrauen versuchten, die Stadt- und Palastdamen nachzumachen.

Populär wurde das Binden der Füße in der Song-Dynastie (960–1279), zu einer Zeit, da sich der aufweichende Staat von heranstürmenden Mongolen bedroht sah und konservative Neokonfuzianer verzweifelt an einer neuen Ordnung zimmerten. Das waren Gelehrte, die den Ruin des Mannes in den »Grübchen einer Mädchenwange« lauern sahen und die Chinas Witwen die Wiederheirat verboten mit der Mahnung, es sei »eine kleine Sache, zu verhungern, aber eine große Sünde, seine Keuschheit zu verlieren«.

Duftende Lotusse. Kostbarster Schatz der Frau und größtes Geheimnis zugleich. Zuerst waren sie Vorrecht und Luxus der Hofdamen. Bald ahmten die Städterinnen den »Palaststil« nach. Am Ende banden sich auch Bäuerinnen ihre Füße. Ein halbes Volk verkrüppelte sich. Um der anderen Hälfte zu gefallen. Um überhaupt einen Mann zu finden. Gab es nie den Gedanken an Rebellion? Die Frage trifft wieder und wieder auf den gleichen erstaunten Blick: Es war doch der Wille des Himmels. Alle haben es gemacht.

Gewaschen wurde nur im dunklen Zimmer. Ein unerlaubt erhaschter Blick auf die nackten Füße kam dem Raub der Jungfernschaft nahe, es wird von einer Mutter berichtet, die ihre Tochter Gift schlucken ließ, weil dem Mädchen beim Dorffest ein Schuh gestohlen wurde. »Ein kleiner Käfer, der kitzelt und kitzelt und kitzelt – und der sich nicht erhaschen lässt.« So beschreibt ein verzückter Autor die Wirkung vorübertrippelnder Lotusfüßlein auf Männer. Natürliche Füße wurden bald zur Zielscheibe von Spott. Es gab den Laternenbauer, auf dessen Laterne sich eine Karikatur fand über die großen Füße der ersten Ming-Kaiserin. Der Mann und sein ganzer Clan, dreihundert Menschen immerhin, wurden exekutiert.

Eine Ausnahme gab es vom Zeigeverbot: öffentliche Schönheitswettbewerbe in Orten wie Datong, berühmt für seine winzigen Füße. Zu Zeiten der beiden letzten Dynastien, der Ming und der Qing, waren die Lotusfüße längst zum Synonym für Schönheit, ja für die Frau an sich geworden: Symbol der Tugend – aber auch der Verführung. In der Literatur werden elektrisierende Szenen beschrieben: Männer, die beim Anblick der entblößten Füße aufbrüllen wie Verrückte, eine Menge, die in Raserei verfällt. Es ist zitterndes Pendeln zwischen Prüderie und hemmungsloser Sinnesfreude. Aus Gewalt entsprungene Schönheit, sich von Eiter und gebrochenen Knochen nährende Raserei.

Das Mädchen. Wollte nicht wie eine Luoluo werden. Das 20. Jahrhundert schickte sich gerade an, die Welt in ihren zweiten großen Krieg zu führen. Davon wussten sie nichts im Dorf. Die Welt? Wo immer die war, wo immer die hinlief, sie ließ das Dorf links liegen. Fünf Jahre war das Mädchen alt und schrie in jener Nacht den Schrei eines Neugeborenen. Da wussten es die Nachbarn. Und keine Kameradin kam mehr gelaufen, um sie zum Spielen abzuholen. Jetzt heult es stumm, blickt voller Hass auf das Band, zehn Zentimeter breit, mehrere Meter lang, das in sieben Schichten umfangen hält, was einmal ein Fuß war und jetzt nur mehr ein Klumpen von Feuer ist. Nur die Mutter darf das Band lösen – um es hernach noch fester zu schnüren. Bis alle Zehen unter die Sohle gepresst sind. Der große Zeh bleibt stehen, der von Kaisern besungenen Sichelform wegen: Neumond in meiner Hand. Im zweiten Jahr wird die Mutter Vorderfuß und Ferse zueinander hin stauchen. In harmonischem Bogen.

Es gibt ein besonderes Wort im Chinesischen für die Gefühle der Mutter zu ihrem Kind: *teng*. *Teng* bedeutet gleichzeitig »liebhaben, verwöhnen« – und »wehtun«.

Das Mädchen kann kaum mehr laufen. Als würde es von Nadeln durchbohrt. Schlafen darf das Mädchen erst, wenn es gesprungen ist. So hoch es kann. Und mit voller Wucht wieder aufkommt. Nochmal!, befiehlt die Mutter. Das soll quetschen. »Männerfüße!«, schimpft die Mutter nach ein paar Monaten. »Warum faulen die noch nicht?« Was nicht fault, wird nicht klein, murmelt die Großmutter. Und gibt feine Porzellanscherben in die Binde. Dann Schlamm. Schließlich Würmer. Endlich: Fleisch entzündet sich, verrottet, fällt ab. »Na also«, sagt die Mutter. Jetzt wird der Fuß klein. Dann taub und tot. Tut nicht mehr weh. Wie im Vers: ein Fuß, ein winzig Grab. Die Mutter lacht: »Jetzt findest du einen guten Mann.« Später wird das Mädchen denken, dies sei der schönste Tag ihres Lebens gewesen.

Sie lernt nun sticken, macht sich selbst Schuhe. Weben, weil das die Arbeit der Frauen ist. Das Haus verlässt sie nicht mehr. Weil sie sich verstecken muss: die Büttel des Landrats schleichen umher, die Mädchen mit kleinen Füßen neuerdings schlagen und die Eltern bestrafen. Der Wille der neuen Zeit. Weil brave Mädchen den Hof ohnehin nie verlassen, weil sie nicht einmal daran denken. Der Wille des Himmels. Die Nachbarstochter war dem Sohn des Großgrundbesitzers versprochen. Alle beneideten die Auserwählte. Bis sie es eines Tages nicht mehr aushielt, heimlich hinausschlüpfte und im Wald spazieren ging. Einmal nur. Die Familie des Bräutigams aber winkte entsetzt ab: »Wir wollen keine Streunerin im Haus!«

Das Dorf. Hat seinen Namen vom Datum des großen Markttags: Liuyi, »Erster Juni«. Glich einer Festung, seit damals im 15. Jahrhundert die Soldaten des Kaisers sich hier niederließen. Wehrbauern waren es, sechs Clans aus Nanking, über Tausende von Kilometern hierher geschickt in die Provinz Yunnan, »Südlich der Wolken«, an die südwestliche Grenze des Reiches, um Barbarenvölker und Banditen in Schach zu halten. Da mauerte man sich vorsichtshalber ein. Pflegte die Bräuche der Ahnen und bildete sich etwas ein auf die feinen Sitten der Hauptstadt. So wurden mit einem Male auch in Yunnan die Füße gebunden – mit einem Eifer, der sechshundert Jahre nicht nachließ. Wer aber hätte gedacht, dass das kleine Bauerndorf einmal in seiner Ausdauer das ganze Reich übertreffen würde?

Es kam nämlich die Zeit, da der Mandschu-Kaiser erste Edikte erließ, diesen Brauch der von ihm beherrschten Chinesen zu verbieten (vor dreihundertfünfzig Jahren), da auch chinesische Gelehrte sich zu Wort meldeten, wie »erbärmlich« es sei, die eigene Tochter zu verstümmeln (vor zweihundert Jahren) und da Modernisierer klagten, das Füßebinden mache ihr Land schwach und vor der Welt lächerlich (vor einhundert Jahren). Die Zahl der Verbote häufte sich – und als der letzte Kaiser gestürzt war und die Regierung der Nationalisten ihre Schnüffler von Haus zu Haus schickte, da wirkten sie allmählich auch. Die Nationalisten trieb dabei weniger die Menschenliebe als der pure Eigennutz: Sie brauchten die Männer als Soldaten, als Kanonenfutter gegen Japaner und Kommunisten – also mussten die Frauen die Felder bestellen. So starb das Füßebinden langsam aus. Zuerst in den Städten, dann auf dem Land. Nur nicht in Liuyi.

Das kleine Dorf am Rand des großen Reiches – nach Vietnam ist es von hier nicht weit und auch nicht nach Tibet – verschlief einfach das Ende eines Milleniums Kulturgeschichte. Vergaß die Welt. Eine Zeitkapsel. Vielleicht half dabei, dass die Webarbeiten der Frauen von Liuyi bei den Händlern so gefragt waren und einen hübschen Ertrag brachten, die Männer sahen sie deshalb ohnehin besser im Haus als auf dem Feld aufgehoben. Jedenfalls prophezeiten die Großmütter: Wartet nur, der Kaiser kommt schon wieder!, und nicht wenige Mütter banden noch in den vierziger Jahren die Füße ihrer Mädchen, nicht ahnend, dass ihre Töchter von allen Opfern des wundersamen Brauches die traurigsten werden würden. Die Letzten ihrer Art, die gleich von zwei Zeitaltern Gedemütigten. Die doch eigentlich die Schönsten hätten sein sollen.

Heute bietet sich denen, die es nach Liuyi verschlägt, ein seltener Anblick: Wiegender, trippelnder Gang auf jeder Straße des Viertausend-Seelen-Weilers, Lotusfüße in jedem Hof: Die 94-jährige

Yang, die einst zu Mao betete, die traurige 90-jährige Luo, die neben ihrem Sarg schläft, die 84-jährige Xiao, einst Schönste im Dorf. Der junge Gemeindebeamte und Schriftsteller Yang Yang stammt aus dem Dorf: »Als Kind glaubte ich, wenn Frauen alt werden, bekämen sie automatisch kleine Füße.« Er ist der Sohn des Mädchens aus unserer Geschichte. Als er klein war, fand Yang Yang es toll, dass seine Mutter gebundene Füße hatte: Sie kam ihm nie hinterher, wenn er etwas angestellt hatte. Seine Freunde beneideten ihn. Später schämte er sich, vor denselben Freunden. Noch später kam das Mitleid, dann der Zorn. Der Mutter Zhou Xiuying wurden die Füße 1939 gebunden. Heute ist sie 68 und eine stolze Frau. Sie streift ihren Strumpf ab, betrachtet ihren Fuß, liebevoll: »So klein und fein wie meine, das war rar damals«, sagt sie. »Ich war begehrt.« Eine Handbreit über dem Knöchel ist noch eine Mulde sichtbar: der Ausfluss für Blut und Eiter.

Vor der Befreiung. »Das war die schönste Zeit meines Lebens.« Meint das Mädchen heute. Vor 1949, bevor Mao Zedong das Land befreite. Und die Füße. So nannten sie es tatsächlich, die Kommunisten: »Befreite Füße.« Die doch, von solcher Ironie ist die Geschichte manchmal, gar nicht befreit sein wollten. Weil die Freiheit grässlich schmerzte.

Die schönste Zeit ihres Lebens. Es zählt nicht, dass sie sich jahrelang im Haus verstecken musste. Das Mädchen hat kleine Füße, es ist schön. Kämmt sich stundenlang, mit zwei Spiegeln. Wenn die Mönche die Glocke schlagen im Tempel, steht es auf, wäscht sich. Kämmt bis zum Sonnenaufgang. Haare hat das Mädchen, die bedecken noch den Hintern. Wenn die Sonne endlich aufgeht, sind sie von seidigem Glanz.

Die Männer. Empfanden Bewunderung, Furcht,

oft grenzenloses Mitleid für die aus Qual geborene Schönheit. Fühlten sich erregt angesichts der durch Gewalt geheiligten Füße. Sie waren das größte aller Tabus. »Geheimnisvoller noch als das Geschlecht«, wie einer schrieb: »Wenn man die Füße seiner Geliebten zu Gesicht bekommt, kennt die berauschte Freude keine Grenze … es ist wie ein Stromschlag.« Erotische Legenden sonder Zahl kursierten. Man raunte sich zu, der schwankende Gang kleinfüßiger Frauen mache die Vagina eng und verschaffe ihr köstliche Falten (»Pforten und Türen, eine nach der andern«). Selbst der vielfach als bestialisch beschriebene Gestank der oft nur einmal im Monat gewaschenen Füße fand noch Liebhaber. Einen gewissen Gu Hongming fesselten noch Anfang des 20. Jahrhunderts nur jene Füße, die so klein waren, dass man sie »halb die Nasenlöcher« hinaufschieben konnte.

Man hat die Chinesinnen als Gefangene der inneren Gemächer beschrieben, als unwissend und unterwürfig gehaltene Krüppel. Dabei berichten die Bücher von nicht wenigen liebestollen Männern, die selbst zur Beute wurden, Haus und Hof versetzten, um die zierlichsten Lotusfüßlein zu erobern. Der Mönch Di Ming vom Perlfluss schwor der klösterlichen Keuschheit ab, um ein Handbuch über das Liebesspiel mit den Lotusfüßen zu verfassen, nicht das einzige. Kenner zählten 18 Stellungen (»Zwei Drachen spielen mit einer Perle«) und selbst die alten Bauern im Dorf Liuyi erzählen – nach einigen Gläsern Reisschnaps – von Bettfreuden wie *tui* (»Schubkarre schieben«), *shun* (»nuckeln«) oder *xuan* (»in Schlaufen an den Bettpfosten hängen«). Unwidersprochen blieb dagegen, dass »Großfüßige, die sich im Bett umdrehen, einen unangenehmen Luftzug verursachen.«

Spottenden und angewiderten Ausländern hielt

der in Peking praktizierende französische Arzt Matignon 1899 entgegen: »Welche Deformierung ist lächerlicher? Die, die eine gewisse Behinderung beim Laufen hervorbringt, oder jene, welche Frauen oft verwehrt, Kinder zu haben, indem sie die Nieren verschiebt, die Leber zerquetscht und das Herz einengt?« Der Doktor sprach vom europäischen Korsett. So sehr waren manche Chinesen im Bann der Lotusfüße, dass ein Gelehrter dem Ming-Hof den Vorschlag machte, die Praxis in den Norden zu exportieren, um die kriegerisch anstürmenden Reitervölker durch Schönheit zu besänftigen: »Barbaren, die sich solchen Frauen hingeben«, schrieb Qu Siju, »werden ihre grausame und harte Natur verlieren.« Wenig später wurde China von den Mandschus überrannt, einem Volk, dessen Frauen sich tatsächlich nie die Füße banden.

Nach der Befreiung. In Liuyi ist die Zeit nicht nur einmal stehen geblieben. Tafeln an den Türpfosten der alten, malerischen Häuser aus Holz und Lehm künden noch heute von der Lehre des großen Befreiers: Mao. Er: der Messias. Sein Volk: »Ein weißes Blatt Papier, auf das sich die schönsten Zeichen malen lassen.« Der berühmte Spruch steht an der Tür der alten Yang Zhaoshi. »Zweimal am Tag habe ich damals vor der Tafel inne gehalten und Bericht erstattet«, erzählt die 94-Jährige: »Morgens, bevor ich zur Arbeit ging, und abends, wenn ich zurückkam. Ich habe Mao gefragt, ob er mit meinem Tagewerk einverstanden ist.«

Plötzlich nämlich hatten all die Mädchen und Frauen ein Tagewerk weit weg von ihrem Webstuhl, durften, nein, mussten die Stube verlassen. Bestellten die Felder, schmolzen Stahl, bauten einen Staudamm. Eine Brigade kleiner, verkrüppelter Füße. So nämlich sprach die Revolution: Wer nicht arbeitet für den Aufbau des Sozialismus, der bekommt auch nichts zu essen. »Der Brigadeleiter schickte uns mit Absicht auf die trockenste Erde«, erzählt die alte Yang. Sie schufteten, »um England zu überholen und Amerika einzuholen«. Am Ende eines solchen Tages krochen manche auf allen Vieren nach Hause. Die Schönen, die Stolzen, die mit einem Mal die Schande der Nation waren.

Was eben noch als Inbegriff von Zivilisation und Anmut gegolten hatte, war nun barbarisch und hinterwäldlerisch. Symbol für die Schwäche des alten, kranken Chinas. »Man hat uns die Füße gebunden, weil die Kaiser das wollten«, sagen sie, »und unter Mao wurden wir dafür verspottet und verachtet.« Zhou und Luo und Yang und all die anderen nahmen die Ausbrüche von Hass und öffentlichen Demütigungen so hin wie Frühlingsregen und Herbstwind. Meist. Einmal ging das Mädchen zum alljährlichen Feuerfest, da zischte ihm eine Großfüßige giftig zu: »Hinkefüße! Könnt nicht mal für euer eigenes Essen sorgen.« Jetzt konnte das Mädchen nicht mehr an sich halten. »Wenn ich gehe, ziehen meine Füße eine Linie von Blumen«, erwiderte es: »Mit deinen Spachteln hingegen kann man die Reisreste aus dem Topf kratzen.«

Das Schlimme war, dass die Kommunisten ihre Füße mit Gewalt »befreien« wollten: Sie verboten kleine Schuhe, zwangen die Frauen, die Binden zu öffnen. Das schmerzte höllisch. Empfanden sie gar keine Freude über das Ende des grausamen Brauches? Schulterzucken, dann die Auskunft: »Einmal gebrochen, immer gebrochen.« Als kleine Mädchen hatte man ihren Körper malträtiert, nun wurde auch ihre Seele gequält.

Und heute? »Lebende Fossilien sind sie«, sagt Yang Yang, der Schriftsteller. Den Kadern hier sind die Frauen noch immer peinliches Zeugnis für die Rückständigkeit ihres Fleckens: Yang Yang fragten sie, ob er »noch gesund im Kopf« sei, weil er ein Buch über die Lotusfüße schrieb, neugierige Journalisten werfen sie regelmäßig aus dem Dorf hinaus.

Schattenboxen. Es gibt sie, Frauen wie Luo Shenshi, die den Tag verfluchen, an dem ihnen die Binden angelegt wurden. Luos Vater lag da auf dem Sterbebett, tröstete die brüllende Tochter. »Es tut ein Leben lang weh«, sagt Luo. Bettelarm ist sie, die Dorfkader haben vor kurzem – sie war gerade spazieren – einen Teil ihres Hauses einreißen lassen. Das Dorf soll moderner werden. Nun schläft sie halb im Freien, eine Neunzigjährige, gehüllt in viele Schichten Lumpen, zwischen Feuerholz, verrußten Strohmatten, Spinnweben. Trägt Schuhe, die sie selbst bestickt hat, vor vierzig Jahren. Wartet auf den Tod. Sie schläft neben ihrem Sarg. »Vor 25 Jahren hat mein Sohn den Sarg gemacht, damals habe ich Würmer gespuckt, so lang wie Reisnudeln. Seither esse ich keine Nudeln mehr. Alle hoffen, dass ich sterbe. Aber ich sterbe einfach nicht, werde älter und älter. Meinen Söhnen bin ich egal. Jetzt hat der Sarg die Würmer. Ich schlafe direkt daneben. Das ist praktisch. Wenn es so weit ist, krieche ich einfach hinein.«

Das wirklich Überraschende aber ist der ungebrochene Stolz, der viele noch erfüllt. Du wirst sehen, hatte es geheißen: Die Großfüßigen im Dorf sind oft schlampig und schmutzig, wir Kleinfüßigen hingegen kümmern uns noch heute um unser Aussehen. »Schöner?«, sagt Zhou Xiuying, unser Mädchen. »Natürlich sind kleine Füße schöner!« Wieder und wieder hören wir diesen Satz – was, bitte, soll denn schön sein an einem Entenfuß, an einem Lotusboot, an einer Reiskelle? Zhou hatte damals Glück, fand auch nach der Revolution einen guten Mann, einen Rotarmisten sogar. »Er hat sich in meine Füße verliebt.« Ihr Sohn Yang Yang, heute 38 Jahre alt, sagt: »Findet ihr im Westen nicht Stöckelschuhe erotisch? Auch objektive Wissenschaftler müssen zugeben, dass kleine Füße schöner sind. Wir Chinesen haben das eben schon vor tausend Jahren herausgefunden.«

Der Mann von Yang Yangs Großtante Xiao hat kaum mehr Zähne, nun hüpft er freudig auf dem Hof umher, um zu zeigen wie flink und beweglich sein Liebchen früher war. Mit 84 Jahren besitzt die Dorfschöne noch immer glatte Haut, weiße, in Gold gerahmte Zähne und einen Spann wie ein *Mantou*, ein rundes gedämpftes Brötchen. Bis zum letzten Jahr haben beide noch auf dem Dorfplatz Gymnastik gemacht, gemeinsam mit den anderen Alten: »Jeden Morgen haben wir uns getroffen: Schattenboxen, Disko, mir hat alles Spaß gemacht.« Bis eines Tages auch Großfüßige dazustießen. »Die waren schon sehr schlampig angezogen«, erzählt Xiao. »Und dann stellten sie sich beim Tanzen so ungeschickt und plump an … Da hab ich ihnen halt gezeigt, wie man sich bewegt, wie man elegant tanzt und geht.« Schnell war es vorbei mit dem Frieden auf dem Dorfplatz. Jetzt bleibt Xiao zu Hause und bemalt für ein Taschengeld Papierscheine mit glänzendem Gold: Totengeld, das vor Gräbern verbrannt wird.

Der Goldene Lotus. Heute wirkt das Dorf, als habe ein großes Monster mehrmals mitten hineingebissen: Angefressene Häuser, denen hier eine Ecke und dort die Vorderwand fehlt. »Ortserneuerung« nennen es die Dorfkader. Wohnzimmer stehen jetzt nackt im Freien. Am Boden hocken Männer mit selbst gebastelten Wasserpfeifen aus Bambus und einem Stück Regenrinne. Die Frauen sitzen meist in den Höfen. Sie wird geschleift, die alte Burg.

Der letzte Schuster, der Lotusschuhe nähte, starb vor zehn Jahren. Seine Kundinnen folgen ihm. Vor zwei Jahren lebten noch dreihundert Kleinfüßige, heute sind es nur mehr hundert. An manchen Tagen, sagt Yang Yang, sterben zwei oder drei.

In einem der neuen Häuser aus Zement und Waschbeton wohnt der Schreiner Xu Chuanhou. Er erzählt: »Ich habe viele grausame Schicksale gesehen. Manche der Kleinfüßigen sind ins Wasser gegangen, andere kamen mit blutigen Füßen von der Feldarbeit, manche saßen verkrüppelt zu Hause, unfähig zu gehen. Meine Großmutter, meine Mutter, meine Schwiegermutter, sie alle hatten kleine Füße. Heute sind sie tot. Ich wollte ihnen ein Denkmal setzen, schöner als sie jemals waren.« Xu ging in die Stadt und sah dort Schaufensterpuppen.

Im Dorf haben sie ihn hernach einen »Perversen« geheißen. Warum? Xu öffnet die Tür zu seinem Schlafzimmer: An das Ehebett gelehnt stehen zwei lebensgroße Holzpuppen. Frauen mit vollem Haar, weißen Gesichtern, großen Brüsten und sich deutlich abzeichnenden Brustwarzen. Xu hat sie geschnitzt, bemalt, lackiert und in enge Strumpfhosen und Pullover gesteckt. Junge, hübsche, laszive Wesen. Und beide haben sie gebundene Füße. Exakt drei Zoll lang.

Es sind die einzigen Goldlotusse, die das Dorf »Erster Juni« jemals gesehen hat.

Das Mädchen. Sitzt unten im Hof, ist heute 68 und sagt: »Ist das nicht schade? Wenn wir nicht mehr sind, wird es auf der Welt nur noch große Füße geben.«

Vorwärts, Genossin!

Wan Ru erobert Ming Shui und verändert dabei China

Stellt man ihre beiden Namen aneinander, Wan Ru und Ming Shui, dann ergeben sie Sinn: »Wie klares Wasser«. Das schrieb Wan Ru für Ming Shui: »Wie ich sie anbete – ihr Talent, ihren grausamen Eigensinn, ihre traurige Schönheit, ihren tiefen und tödlichen Blick, ihre erschütternden Berührungen. Wie ich mir wünsche, jede winzige Laune von ihr zu deuten, all ihre Gesichter zu erforschen. Ich habe nur noch den einen Wunsch: dass sie mich nie verlässt.«

Ming Shui antwortete mit einem Gedicht: »Dein geknickter Flügel / streicht an meinem nackten Herzen vorüber. Bunt und prächtig / Du, der Schmetterling im Traum / Im Flügel keine Muster / Sondern fein gravierte Wunden.«

So lernten sie einander kennen: Wan Ru hatte Ming Shuis Telefonnummer herausgefunden und wählte noch in der gleichen Stunde. »Ruf' in zehn Minuten noch mal an«, sagte Ming Shui, sie war beschäftigt. Genau sechshundert Sekunden später klingelte das Telefon erneut. Ming Shui wimmelte die Anruferin wieder ab. Und noch einmal. Den siebten Anruf nahm Ming Shui im Bett ihrer damaligen Freundin entgegen. »Ihre Hartnäckigkeit rührte mich«, erinnert sich Ming Shui. »Ich meine, normalerweise hat ein Mädchen doch etwas Selbstachtung, oder? Aber die hier gab einfach nicht auf.« Ming Shui war neugierig geworden. Sie verabredeten sich in einem Café.

»Wan Ru sah mich nur an«, erzählt Ming Shui.

»Sie sagte nichts und lächelte nicht.« Wan Ru sagt: »Im Herzen lächelte ich zum Bersten.« Ming Shui suchte sich gerade eine neue Wohnung. Sie mietete ein winziges Appartement im Zentrum Schanghais. Genug Platz für ein Bett und einen Computer. Und für mich, fand Wan Ru und zog ein. In manchen Nächten schreckte Ming Shui hoch, saß aufrecht im Bett und schrie. »Geh!«, brüllte sie die schlaftrunkene Wan Ru an. »Du nervst. Ich halte das nicht aus.« Sie musste schreien, sonst wäre sie erstickt. Sie, die Dichterin, die Schauspielerin, die Abenteurerin, die sich gerade noch das Leben bis zur Neige – und vor allem: ungebunden – auskosten sah. Wan Ru legte jedesmal ihre Arme um die zitternde Ming Shui und flüsterte: »Wie kannst du nur so grausam sein?«

Ming Shui erzählt die Geschichte vom Kamel: »Ein Kameltreiber schlug in der Wüste sein Zelt auf. In der Nacht rief das Kamel: ›Herr, es ist kalt, darf ich meinen Kopf ins Zelt stecken?‹ Der Herr erlaubte es. Nach einer Weile rief das Kamel: ›Herr, mein Vorderbein friert so, darf ich es hereinholen?‹ Grummelnd nickte der Herr. Wenig später hob das Kamel wieder an: ›Herr, mein Hintern, es zieht …‹ Das Kamel zog auch seinen Hintern herein und stieß den Herrn auf der anderen Seite zum Zelt hinaus. Da war das Kamel der Herr.«

Ming Shui, die Schillernde, ist Publikum gewöhnt. Sie sprudelt wie eine neu geöffnete Quelle. Derweil hat Wan Ru den Kopf an ihre Schulter gelegt. Still ist sie. Ihre Augen können kaum von der Älteren lassen, ruhen auf deren von Strähnen gerahmtem, olivenförmigen Gesicht, auf den Wangen, durch die blaue Adern schimmern. Während Ming Shui erzählt, wie grausam sie manchmal war, streichelt sie Wan Ru mit Blicken. Sie sagt: »Wan Ru war so zäh, dass ich vor ihr kapituliert habe.« Sanft sagt sie es, fröhlich und dankbar in jenem Moment.

Im August reisen die beiden in die alte Kaiserstadt Suzhou. Sie schlendern durch Gärten und an Kanälen entlang. Im Hotelzimmer knien sie voreinander nieder und schwören sich ewige Treue. Am 16. Oktober 1999, ein halbes Jahr nach ihrem ersten Rendezvous, heiraten sie. Für die Einladungen wählt Wan Ru den Spruch: »Mit dem Weichen das Harte bezwingen.« Dem Mondkalender zufolge ist es ein segensreicher Tag für Eheschließungen.

Am Tag darauf schreibt die Zeitung, in Schanghai hätten zwanzigtausend Paare geheiratet. »Da gab es zwanzigtausend Bräutigame«, sagt Ming Shui. »Und zwanzigtausendundzwei Bräute.« An jenem Tag heirateten zum ersten Mal in China zwei Frauen einander. Ohne den Segen des Staates. Aber in Schleier und weißen Seidenkleidern. Als der Chauffeur des Brautwagens seufzt, in seinem ganzen Leben habe er keine so atemberaubenden Bräute gefahren, da muss er ausnahmsweise einmal nicht flunkern. »Wo sind denn die Männer?«, fragt er dann.

Ming Shui kannte einmal einen Mann. Sie war 19 und er Mitglied der Partei. Als auf dem Platz des Himmlischen Friedens die Studenten nach dem Himmel griffen, im Frühjahr 1989, da glühte ihr Freund vor Begeisterung, drängte hin. »Hast du nichts aus der Geschichte gelernt?«, fragte ihn Ming Shui. »In diesem Land haben die Studenten noch immer verloren.« Sie stellte ihn vor die Wahl: Revolution oder Liebe. Er blieb. »Liebe kann die Revolution zersetzen«, sagt Ming Shui. Sie ruht in dieser Gewissheit. Später verließ sie ihn.

Mit 17 hatte sie der erste Kuss ereilt. Der Zwang zu schreiben verzehrte sie bereits zu jener Zeit, sie war eine kleine Berühmtheit in ihrer Provinz – wie oft schon vereinen sich Talent, Schönheit und Intelligenz mit solcher Macht? Sie nahm ihre Umgebung im Sturm. »Überall war ich die Erste«, erinnert sich Ming Shui. »Nur in der Liebe blieb ich taub und blind.« Da wurde sie geküsst. Von der besten Freundin, einem hübschen Mädchen mit einer Leidenschaft für klassische Literatur. Ming Shui war verwirrt und wütend. Hätte das nicht mit einem Mann geschehen sollen? Es blieb bei dem Kuss, und dann auch wieder nicht.

Ming Shui ging nach Schanghai an die Theaterakademie – die Erinnerung folgte ihr. Kein Tag, an dem sie nicht an das Mädchen dachte. Alle hatten Freunde, gingen aus, Ming Shui blieb in ihrem Zimmer und schrieb. Essays, Kritiken, Drehbücher. Sie war Klassensprecherin und Klassenbeste und sie hasste es. Die anderen hielten sich fern von ihr. Ihre Aufsätze hatten Titel wie »Abrisszone« und »Grab«. »Ich gehe bald ein«, vertraute sie einer Mitschülerin an. »Schon drei Jahre lebe ich ohne Sex. Ich bin eine verdorrte Pflanze.« Eines Tages kam jene Freundin zu Besuch. Die beiden lagen auf dem Bett, Ming Shui nahm all ihren Mut zusammen: »Erinnerst du dich noch an damals?« Sie schluckte: »Bist du … so eine?« Die Freundin erstarrte. »Nein!«, rief sie. Ming Shui brachte kein Wort mehr hervor, Hass und Liebe erfüllten sie zugleich.

Zehn Jahre. Dann wusste Ming Shui, dass sie Frauen liebt. Zehn volle Jahre. »Es liegt etwas im Argen in China«, sagt sie, »– die Einführung in Liebe und Gefühle.« Lange Zeit glaubte sie, im Irrgarten ihrer Emotionen zu verhungern und zu verdursten, ahnte nicht einmal, dass es so etwas gibt wie Homosexualität. »Keiner sagte einem, dass Liebe zwischen Frauen falsch ist – sie existierte schlichtweg nicht. Hätte mich einer gewarnt: ›Das ist eine Sünde!‹, dann hätte ich zumindest von der Möglichkeit erfahren und mich für sie entscheiden können.«

Ming Shui ist heute 33, nur fünf Jahre älter als Wan Ru, aber zwischen den beiden liegt eine ganze Generation. »Viel hat sich gebessert«, sagt Ming Shui. Wan Ru sagt, sie habe bereits mit fünf Jahren gewusst, dass sie sich für Mädchen interessiert. Mit neun schnappte sie im Fernsehen das Wort »lesbisch« auf.

In China war die Diffamierung der gleichgeschlechtlichen Liebe nie so verwurzelt wie im christlichen Abendland. Anspielungen auf sie tauchen in Literatur und Theater durch zwei Jahrtausende hinweg immer wieder auf. Erst die Prüderie der Kommunisten machte dem den Garaus, auch wenn es nie ein Gesetz gab, das die Homosexualität verbot. Es brauchte kein Gesetz: Verdächtig war jeder, der sich von der Masse unterschied, das war im Sexuellen nicht anders.

In den letzten Jahren jedoch hat sich der Staat aus den Schlafzimmern zurückgezogen und die Homosexuellen tasten sich vorsichtig ins Licht. Sie verabreden sich übers Internet, treffen sich in Bars wie in Pekings Half and Half, geben Zeitschriften heraus. Und sie nennen sich frech *tongzhi*, »Genossen«.

Himmel heißt das erste Magazin der Genossinnen, es erschien erstmals 1999 in Peking, handkopiert. Lebenshilfe findet man dort, Antworten auf Fragen wie: »Sind alle Frauen lesbisch?« (»Nein«), oder: »Gibt es Heilung?« (»Es ist keine Krankheit«). Redakteurin bei *Himmel* ist eine 33-jährige Malerin mit dem Künstlernamen »Stein«. »Wir müssen uns organisieren«, schreibt sie in einer Ausgabe. »Wenn

Frauen weiter Angst haben sich öffentlich zu bekennen, dann wird sich nie etwas ändern.« Allmählich ändern sich die Dinge. Chinas Homosexuelle erleben gerade ein gesellschaftliches Comingout: Chinas psychiatrische Vereinigung strich im Jahr 2001 die gleichgeschlechtliche Liebe von ihrer Liste der Geisteskrankheiten, Hochglanzmagazine drucken Reportagen und Essays zum Thema.

Stein hat ihre eigene Meinung zur Hochzeit von Ming Shui und Wan Ru. »Muss man den Heteros denn alles nachmachen?«, fragt sie. »Wie spießig.« Ming Shui wiederum hat so ihre Vorstellungen von den Menschen im Norden. »Peking«, sagt sie, »das sind Diskussionen und Seminare.« Und Schanghai? »Partys, Ausflüge, Essen.« Kurz: »Die in Peking machen Revolution. Wir hier in Schanghai leben.«

Sie leben. Ohne Druck, ohne Angst. Sie haben unverschämtes Glück: gute Freunde und eine Mutter, die nach den ersten Tränen erkannte, dass sie nicht ihre Tochter Wan Ru verlieren, sondern eine zweite gewinnen würde. Ming Shui versteht es, ihr Herz zu reichen. Sie verstecken sich nicht. Zwei Mädchen, die Zärtlichkeiten austauschen, erregen in China kaum Aufmerksamkeit, auch nicht im Restaurant, bei Schmetterlingsküssen über frittierter Wasserschlange und Sellerie mit weißen Lilien.

Aber sie mussten ein verstecktes Hochzeitslokal suchen, um nicht aufzufallen. Ming Shui hat ihr Leben lang für die Medien gearbeitet, fürs Fernsehen, für Zeitschriften, sie wollte sich der Meute nicht ausliefern. Auch scheiterte ihr Roman an der Zensur. Wegen solcher Passagen: »Wie blass sie ist. Ein marmorner Engel, dessen kühler Flügel um Wei Wens Nacken strich. Jetzt kam ihr leiser Atem näher, ein großer Bausch Watte, stieg höher, höher, immer höher, kreist … Nach Orchideen schmeckte ihr Atem, einhüllende Wärme, flockige Watte.« So erschreckt man noch immer Lektoren, gerade in Schanghai, der Stadt, die sich gern als so offen verkauft. Aber vielleicht klappt es im neuen Jahr in Peking.

Sorgen macht sich Ming Shui nicht. »Gott hat mich gesegnet«, meint sie, die im Gelben Fluss getaufte Christin: das Talent, der Erfolg und nun – man merkt ihr das immer wieder hervorbrechende kindliche Erstaunen darüber an – die Liebe. Wan Ru sagt: »Ich habe lange dafür gebetet, dass Gott mir so eine Frau schickt.« Dabei glaubte sie gar nicht an Gott. Bis sie Ming Shui traf.

Wan Ru, Angestellte bei einer Fluglinie, und Ming Shui, Schriftstellerin, heirateten in einem französischen Restaurant, das früher eine Kirche war. Sie schritten über einen roten Teppich und tauschten Ringe aus vor Zeugen, die das mit ihren Unterschriften dokumentierten. Der Hochzeitsmarsch wurde gespielt. Sie küssten einander. Wan Rus Mutter hielt eine Rede. Die Bräute weinten schon beim Einmarsch, die Mutter die ganze Zeit. Das schwule Freundespaar hielt der Mutter die Hand und seufzte: »Wann werden wir je so etwas erleben?« Als Wan Ru mit belegter Stimme den Schlager »Innigst Geliebte« sang, da heulten auch die Kellnerinnen.

Und Ming Shui sagt: »Liebe ist Revolution.«

Mund zu!

Wir gingen schlafen in einer Stadt namens Peking und als wir aufwachten, war die Welt gelb. Das heißt, »es« war gelb. Die Welt selbst war gar nicht, beziehungsweise war einfach weg, untergegangen vielleicht oder beim Zigarettenholen, wir wussten es nicht, es war uns ehrlich gesagt auch egal. Draußen war alles gelb. So weit es »draußen« noch gab. Mit »alles« meine ich: obenuntenhintenvorneundmittendrin. Mal war das Gelb fahl, dann wieder leuchtete es einen Stich ins Orange, meist changierte es zwischen Lehm und Ocker. Wir sperrten vor Überraschung kurz Augen und Mäuler auf.

Ganz kurz.

Es knirschte, es stach, es prasselte: Sand. Peking war in einem Sandsturm. Peking war ein Sandsturm. Da wussten wir: Jetzt ist Frühling. Jedes Jahr im Frühling nämlich wickeln Wüstenwolken Peking ein – aber so stark wie diese waren schon seit zehn Jahren keine mehr.

»Man konnte am Mittwoch nur wenige Fußgänger auf den Straßen sehen«, schrieb anderntags eine Zeitung. Nicht, dass da keine gewesen wären. Die Sicht aber: unter fünfzig Meter. Und die, die man zu sehen bekam, waren nicht immer auf den ersten Blick als Menschen zu erkennen. Wie ihre Stadt zeigten sich auch die Pekinger an diesem Tag nur verschleiert. In anderen Weltgegenden ziehen sich die Leute Plastiktüten über den Kopf, um sich umzubringen, in Peking taten sie es an dem Tag, um zu überleben. In den Bussen lag eine zentimeterdicke Schicht Sand auf den Sitzen, in Restaurants schnappten die Leute um Luft wie Fischlein auf dem Schlachterblock und Amtsärzte verkündeten, in der Luft würden hundertmal so viele Staubpartikel schweben wie sonst. Man muss wissen, dass wir in Peking schon an normalen Tagen etwas atmen, was mit dem Wort »Luft« nur unzureichend beschrieben ist. Jetzt also noch hundertmal mehr Dreck. »Manche Leute könnten Atembeschwerden bekommen«, teilte ein Arzt mit. Wenn Erstickungsanfälle unter »Atembeschwerden« fallen, hatte der Mann sicherlich Recht.

Der Sturm kam aus der Mongolei, er verweilte nur einen Tag und zog dann weiter nach Korea. Die Aufregung in Peking jedoch blieb. Die Regierung sagt, in den fünfziger Jahren seien die Stürme häufiger und heftiger gewesen. Die Leute sagen, es werde wieder von Jahr zu Jahr schlimmer. Schuld ist der Mensch selbst: Abforstung, Übergrasung, Erosion. Einem Bericht der UN aus dem Jahr 2002 zufolge verwandeln sich jedes Jahr 2500 Quadratkilometer China in Wüste, die Autoren sehen das Land am Scheideweg: Ihnen zufolge ist der Zustand von Chinas Umwelt schon jetzt so fatal, dass sie Millionen krank macht und entwurzelt – die Kehrseite des schnellen Wachstums. Einem chinesischen Bekannten, Chef einer kleinen Werbeagentur, fiel ein Sprichwort ein: »Wenn die Regierung unfähig ist, sucht Unglück das Volk heim«.

Im Fernsehen steht eine Reporterin auf einer gewaltigen Sanddüne: Sie befinde sich, klärt sie ihre Zuschauer auf, gerade mal siebzig Kilometer vom Platz des Himmlischen Friedens entfernt. Wenn an jenem Tag in der Hauptstadt ein Kamel um die Ecke getappt wäre, es hätte keinen gewundert. Bloß: Man hätte es gar nicht gesehen, das Kamel, weil auch die Ecke weg gewesen wäre.

Aus dem Weg!

Nein, so kalt, wie man sich das vorstellt, ist es hier gar nicht.

Vorsicht, wenn du dir an die Nase fasst, hatten Freunde den alten Wang gewarnt – sie wird dir schnurstracks abfallen. Die Nase ist noch dran und Wang guter Dinge. Es ist auch ein milder Winter dieses Jahr: gerade mal minus 15 Grad tagsüber. Und schließlich: »Das ist ein Sport der Tapferen«, sagt Wang und wedelt mit den Stöcken. »Hier werden Mut, Charakter und Weisheit gebildet.« Wang steht zum ersten Mal auf Skiern, seit einer Stunde. Hat er keine Angst? »Woher denn«, ruft er. »Ich guck mir alles bei den anderen ab.« Auweh. Dann ist er nicht mehr zu halten. Geht in die Knie, stößt ab, die Rockschöße wehen. Schuss den kleinen Hang hinunter. »Aus dem Weeeg«, hört man ihn noch rufen, alles was man dann noch sieht, sind die neongelben Unterseiten seiner Ski, die in schönem Kontrast zur Wolke weißen Schnees durch die Luft wirbeln. Das Werbevideo hatte Recht: »Kommen Sie nach Yabuli«, lockte es. »Hier umarmen Sie die Natur.«

Chinas Nordosten. Das ist: Schwerindustrie, Arbeitslosigkeit, Wald – und Yabuli. Chinas erstes Skigebiet: elf Pisten, darunter schwarz markierte, Sessellifte aus Österreich und der eine oder andere Schneebuddha. 1996 begann in China das Zeitalter des Skitourismus, damals fanden in Yabuli die Asiatischen Winterspiele statt. Und viele staunende Chinesen erfuhren erstmals, dass man sich auf zwei Bretter stellen und einen Berg hinunterfahren kann. Wenn man's denn kann. »Unter Anleitung eines

Trainers lernen Sie Skifahren in zwei Stunden«, lügt das Video im Hotel-TV. Entsprechend unbekümmert stürzen sich die meisten den Hang hinunter. Zumindest die, die sich bis oben im Lift halten konnten.

Skifahren ist das neueste Hobby von Chinas Yuppies. Nach Yabuli kommen schon zweihunderttausend im Jahr. Selbst in den trockenen Hügeln in der Umgebung von Peking macht ein Skigebiet nach dem anderen auf: meist weiße Kunstschneeflecken in brauner Winterwüste. »Es ist ein Symbol für Reichtum und Status«, erklärt Ressortmanager Patrick Cao. »Die Leute, die hierher kommen, wollen sich nicht nur vergnügen – sie wollen zeigen, wie nah sie der modernen Welt sind.« Billig ist es nicht. Die Skiausrüstung inklusive Halbtagespass kostet 35 Euro, fürs Zimmer bezahlt man zur Zeit des Frühlingsfestes mindestens hundert Euro. Für die meisten Chinesen ist das mehr als ein Monatslohn. Dafür bekommt man ein knisterndes Plastikfeuer im Zimmerkamin und vor der Tür ein ganzes Dorf voller – Windmühlen.

Windmühlen? »Unser Chef hatte die Idee«, schwärmt Manager Cao. Ein Symbol für die Verschmelzung von Natur und Menschenkraft sollen sie sein. »Außerdem«, fügt er an, »drehen sie sich in endlosem Kreislauf. Das bedeutet: Geld. Ein Vermögen wird kommen.« Aha.

Das Après-Ski ist mehr Mittlere Mandschurei als St. Moritz. Wer keine Lust hat, auf dem Parkplatz zur Zielscheibe von Feuerwerks-Pyromanen zu werden, kann sich ins Hotel zurückziehen, zu illegalem Glücksspiel oder markerschütterndem Karaoke. Wer dem die Lobby durchwehenden Toilettengeruch folgt, stößt bald auf eine Videospiel-Arkade, wo man im »Wüstenpanzer« Golfkrieg simulieren kann (Manager Cao hat sich für den Job in Yabuli empfohlen als Diplomat im Irak). Für musikalische Unterhaltung sorgen die kleinen Töchter städtischer Geschäftsleute, die stets vom stolz in die Runde lugenden Papa mit dem strengen Befehl: »Spiel!« ans Piano gesetzt werden. In einer Stunde kommt der Zuhörer so im Durchschnitt auf gute dreimal »Für Elise«. Das Essen ist hervorragend, wessen Sache »Bärentatzen« (350 Euro die Portion) oder »Hirschpenissuppe« nicht sind, der mag auf »Kartoffelgulasch mit Waldfrosch« ausweichen. Das wahre Vergnügen aber findet sich sowieso draußen, am Anfängerhügel.

»Auf den Skiern sind alle wieder wie kleine Kinder«, sagt Patrick Cao. »Keiner kann seine Bewegungen kontrollieren.« Die meisten tragen Anzug und Krawatte unterm Anorak und sind erstaunlich wagemutig. Sie können weder steuern noch bremsen – aber Schneepflug macht erst recht keinen Spaß. Also Schuss. Zur Freude des Publikums, das sich im Zielraum schadenfroh kugelt, wenn wieder einer mit Panik im Gesicht und Hilferuf auf den Lippen angeschossen kommt und erst im Zaun federnd zur Ruhe findet. Fontänen weißen Schnees stieben gen Himmel in einer endlosen Batterie von Explosionen. »Hier lacht jeder über jeden«, freut sich Cao. »Hier kannst du auch über deinen Boss lachen – zu Hause unmöglich.«

Schüssel zum Fortschritt

Direktor Yu greift nach den Sternen

Etwas ist heute anders in der Verbotenen Stadt: Unter der Wintersonne schweben schwarze Limousinen über das kaiserliche Pflaster, gleiten durch heilige Gassen, vorbei am Pavillon des Gegenseitigen Wohlbefindens. Chauffeure vorn, dunkle Anzüge hinten. »Wer hätte das gedacht« – Direktor Yu Changjiang sagt es mehr zu sich selbst – »dass eine so kleine Sache einmal so große Beachtung finden würde?« In einer Ecke im Nordwesten kommen sie fast lautlos zum Stehen, die Audis mit den blickdichten Scheiben. Es verlassen ihre Funktionärssänften und huschen hinein: Männer mit dunklen Brillen, in dicke Wolle verpackte Frauen. »Versammlungsraum der Kader-Senioren« steht auf dem Schild. Alle warten, dass Direktor Yu das Wort ergreift. »Genossen«, sagt auf dem Podium der Direktor mit fester Stimme. »Fürs erste Jahr melde ich die erfolgreiche Erfüllung unserer Mission!« Die Menge applaudiert erleichtert. Die »Hauptversammlung für den Aufbau der Sternetoiletten« ist eröffnet. Nein, kein Druckfehler: »Sternetoiletten« wie »Sternehotels«.

Wer weiß schon genau, wann es angefangen hat? War es, als der alte Staatsführer Jiang Zemin offensichtlich entnervt die Frage stellte, wann denn sein China, das schließlich Satelliten in den Weltraum schieße, in der Lage sei, eine Toilette zu bauen, deren Gestank einen nicht umbringe? War es 1997 beim Staatsbesuch des damaligen Premiers Zhu Rongji in Australien? Zhu hatte sich zur Pinkelpause zurückgezogen und war dann so lange weggeblieben, dass die Sicherheitsleute besorgt den Waschraum stürmten, wo sie ihren Premier – einen gelernten Ingenieur – stirnrunzelnd über den sorgfältig zerlegten Einzelteilen der australischen Wasserspartoilette vorfanden: »Das müssen wir in China einführen!«, soll Zhu der Legende zufolge befohlen haben. Oder war es viel früher und viel weiter unten, in den *hutongs*, den Gassen der Stadt, wo in öffentlichen Anstalten eisige Winterwinde die Hintern der Werktätigen massierten und üble Dämpfe ihnen den Atem nahmen? Den Atem Yus zum Beispiel, der damals noch lange nicht Direktor des Pekinger Tourismusamtes war. Der selbst aus den Pekinger *hutongs* kam. Und im Jahr 1985, da war er schon über dreißig, einer Offenbarung teilhaftig wurde: seines ersten eigenen Klos. Hatte sie da ihre Anfänge, die Revolution?

Direktor Yu mag das Wort nicht, er überlässt es den Kollegen von der Stadtverwaltung, die große »Toilettenrevolution« zu verkünden. Yu spricht lieber von »Kultur«: »Im Verständnis für die Toilettenkultur zeigt sich der Grad der Zivilisiertheit eines Landes«, findet Yu zum Beispiel. Der Direktor weiß sich da in Übereinstimmung mit der Weltmeinung, schließlich kommt er gerade zurück vom Welt-Toiletten-Gipfel in Singapur. Zweihundert Teilnehmer, dreißig Nationen und ein Anliegen: der Fortschritt der Menschheit. »Genau dafür ist Toilettenkultur ein Symbol«, sagt Yu. Die Einsichten, die ihm im November in Singapur zuteil wurden, hält Yu mit leidenschaftlichem Ernst für nicht weniger als ein Zeugnis von der »Tiefe der menschlichen Erkenntnis«. Ansporn sind sie ihm sowieso: »Folgt mir!«, ruft der Direktor und marschiert hinein in den Kaiserpalast. Da, zwischen purpurnen Mauern, blitzt plötzlich glänzender Marmor und blinkendes Messing hervor. »Öffentliche Toilette« steht auf dem Schild. »Vier Sterne!«, verkündet Yu stolz.

Vor der Tiefe der menschlichen Erkenntnis standen in China bislang die Abgründe der öffentlichen Bedürfnisanstalten. Wenn Direktor Yu seinem Auditorium berichtet, er habe beim Gipfel in Singapur mit Rede und Peking-Video »große Aufmerksamkeit erregt«, dann hält man zunächst unwillkürlich den Atem an: Er wird ihnen doch nicht das alte China gezeigt haben? Jene Zeit vor der Jahrtausendwende, welche sie in der Stadtverwaltung mit nur vier Worten wieder aufleben lassen: »Heulen, hüpfen, kreischen und kichern.« Der Beamte Ma Kangding erklärt uns das, mit breitem Grinsen vor seinen Aktenschränken sitzend: »Heulen, weil dir der Gestank schon im Anmarsch die Tränen in die Augen getrieben hat. Als nächstes musstest du hüpfen: von einem Bein auf das andere, deinen Weg finden zwischen Urinlachen und falsch platzierten Häuflein. Das Kreischen kam dann vor allem aus dem Mund der weiblichen Genossen, wenn sie unter sich blickten und das Gewimmel der Maden sahen. Aber zum Schluss, wenn alle nebeneinander hockten, ging es meist recht fröhlich zu: es wurde gescherzt und gelacht.«

Trennmauern gab es meist keine und Türen schon gar nicht; wer etwas Privatsphäre wollte, der schlug eine Zeitung vor dem Gesicht auf – was einen nicht davor schützte, dass die Nachbarn links und rechts von einem eine Debatte über die Schlagzeile anfingen. »Die Brüstungen hätten Platz weggenommen«, erklärt der Beamte Ma: »Statt acht hätten wir nur noch sechs Leute untergebracht.« Durchaus ein Argument an einem Ort, wo sich ganze Straßenzüge eine einzige öffentliche Toilette teilten, wo in manchen Altstadtvierteln morgens Hunderte von Bewohnern gemeinsam zum Gassenklo schlurften, um den Nachttopf zu entleeren. Woran aber auch die Politik schuld war: Die Pekinger Stadtregierung hatte in den Sechzigern befohlen, die Klos aus den alten Hofhäusern in die Gasse zu verlegen – der gemeinsame Toilettengang der Nachbarschaft erleichterte den Stadtwerken die Entsorgung und sollte zudem ein Schritt auf dem Weg ins kommunistische Paradies sein. Noch heute haben amtlichen Statistiken zufolge nur knapp vierzig Prozent der Chinesen ihr eigenes Klo: Die Mehrheit muss öffentlich.

Das wird noch eine Weile so bleiben – aber dass es auch anders geht, ohne Heulen, Hüpfen und Kreischen, ohne Touristen in die Flucht zu schlagen und die eigenen Leute zu martern, dies zu beweisen sind sie angetreten, Leute wie Direktor Yu und Ingenieur Ma, die sich als Teil eines landesweiten Aufbruchs fühlen dürfen. »Ein großes Geschäft dauert fünfzehn bis zwanzig Minuten, ein kleines noch bis zu zwei Minuten«, rechnet Yu vor. »Auch wir Chinesen bekommen ein Bewusstsein dafür, dass man jede einzelne Minute davon genießen sollte: Lebenszeit voller Kultur und Qualität.«

Wie das so ist in China: Wenn sie in die Moderne schreiten, dann mit Siebenmeilenstiefeln. Schanghais neuer Stolz ist ein öffentliches WC in der Form eines Klaviers, eine Ökotoilette dazu: Der Klavierdeckel ist mit Solarzellen belegt. Kosten: 400.000 Yuan (45.000 Euro). In Peking achtet man mehr auf eine »harmonische Einbindung in die Umgebung«, so Yu, aber auch die Viersternetoilette in der Verbotenen Stadt ist ein Prachtstück: Klimaanlage, Ruheraum mit Sofa und Bar und ein Fernseher von 23 Zoll, wahrhaft kaiserlich. Die spiegelnden Kachelwände schmücken Gemälde und Kalligrafie, Plastikefeu sorgt für Grün. Und für Europäer der Clou: jede Menge Sitzklos, auch wenn die traditionellen Stehschächte noch immer überwiegen: »Wir Chinesen gehen eben lieber in die Hocke«, erklärt Ma Kangding die Kluft zwischen den Kulturen. Auch Ma, mittlerweile quasi Pekings Herr der Brillen, hat die Leidenschaft gepackt: Egal ob auf Frankfurts Flughafen oder im Pariser Louvre – er zückt als erstes den Fotoapparat und hält die entsprechenden Örtlichkeiten zu Dokumentationszwecken fest. Deutsche Klos hält der höfliche Ma übrigens für »wunderbar«, trotzdem: »Wir finden Hocken einfach hygienischer.« Weswegen sich in China nicht selten auch auf der Brille der Flugzeugtoilette Fußabdrücke finden.

»Mmmm«, freut sich im Palastklo der herbeigeeilte Vizebürgermeister und hält sein Näschen in die Kameras des Staatsfernsehens: »Was für eine gute Luft!« Er wendet sich ans Servicepersonal: »Und die Frauen-WCs sind also um die Hälfte größer?« »Oh ja«, eifriges Nicken: »Das ist ganz wissenschaftlich eingerichtet.« 240 Millionen Yuan will Peking in den nächsten Jahren in die Gruben stecken, rechtzeitig vor Olympia 2008 für die Touristen insgesamt sechshundert Ein- bis Viersternetoiletten errichten und gleichzeitig die eigenen Leute aus der Tristesse der vorrevolutionären Gassenklohäuschen erlösen. Zweitausend von ihnen sollen im Zuge des Altstadtabrisses ohnehin verschwinden.

Es ist nicht immer einfach. Der Beamte Ma weist darauf hin, dass »die Benutzungsrate in China ein Vielfaches von der im Westen« ist. In der Stadt Lanzhou fanden sie unlängst eine Toilette, die sich mehr als neuntausend Bürger teilten – schneller

Verschleiß garantiert. Seit auf Befehl der Stadtregierung zudem die Eintrittsgebühren abgeschafft wurden, klagt die *Beijing Daily,* würden viele Pekinger mit Badetuch und gar Wäsche anrücken und auf dem Nachhauseweg Aschenbecher und Wandgemälde mitgehen lassen. Direktor Yu ist jedoch nicht bange. Er fiebert schon dem Jahr 2004 entgegen, da darf seine Stadt den Welt-Toiletten-Gipfel ausrichten. Bis dahin will er keine Gelegenheit auslassen, seine Bürger zu rechtem Bewusstsein zu erziehen. »Der 19. November vor allem ist alljährlich eine gute Gelegenheit für Propaganda«, sagt Yu. Den haben er und seine Kollegen in Singapur gemeinsam zum Welt-Toiletten-Tag erklärt.

Xu Hu, wo bist du?

Ein Klempnergleichnis

Weit weg sitzt er, so weit, wie man in einem Büro nur weg sitzen kann. Hinter einem wuchtigen Schreibtisch. Fast wollen wir, die wir höflich in ein Sofa an der gegenüberliegenden Wand des Raumes gedrückt wurden, ihm unsere Fragen laut zurufen, aus Angst, sie erreichten ihn sonst nicht. Ölig glänzende Haare trägt der Mann auf dem Kopf und eine Krawatte über dem Hemd, die er mit den Fingern seiner linken Hand streichelt. Bisweilen lässt er den kleinen Finger darauf ruhen als sei es eine Krawattennadel – in solchen Momenten kann man ihn sehen: den langen, langen Fingernagel, der einem elfenbeinfarbenen Schäufelchen gleich nach vorne wuchert. Der Klempner Xu Hu sitzt hinter einem dicken Schreibtisch und trägt einen langen Fingernagel.

Dies ist die Geschichte eines armen Mannes, der zuerst berühmt und später auch wohlhabend wurde, aber Märchen ist es keines, schon eher ein Gleichnis. Eines, das letztlich mehr über China verrät als über die Person, der darin die Hauptrolle zugedacht ist.

Xu Hu also.

Es war einmal der Sohn einer armen Gemüsebäuerin, der wurde Klempner. Und es geschahen ihm Dinge, die sich sonst nicht in die wildesten Klempnerträume einschleichen. Xu Hu war ausersehen, ein Stückchen chinesische Geschichte zu schreiben, das heißt, vielmehr schneiderten sein Land und seine Partei sie ihm auf den Leib, und da steckte er dann drin, der rechtschaffene Xu Hu, im Mantel der Arbeitergeschichte.

Es gibt auf der Welt nicht viele Klempner, die von Dichtern besungen wurden. Deren Leben auf die Bühne gehoben, deren Wirken zu Chorwerken vertont wurde. Die der Staatspräsident höchstpersönlich umarmte und seinem Volke zum Vorbild empfahl. Wahrscheinlich gibt es überhaupt nur einen. Den Schanghaier Xu Hu eben. Xu Hu hat keine Schlachten gewonnen, keine gefallenen Mädchen gerettet und auch keine Feuersbrünste besiegt. Xu Hu hat seit 1975 nur das getan, was er am besten kann: verstopfte Klos reparieren. Das aber erledigte er mit einer solchen Hingabe und Leidenschaft, mit solcher Effizienz und Selbstlosigkeit, dass die Kommunistische Partei letztlich nicht anders konnte, als ihm ein Denkmal zu setzen.

Xu Hus Aufstieg zum Arbeiterhelden verlief nicht ohne Prüfungen. Das Parteiblatt *Volkszeitung* schilderte im April 1996 anschaulich seinen Jungferneinsatz zwei Jahrzehnte zuvor: »Xu Hu erschrak über das Bild, das sich ihm bot: Exkremente schwammen in einem Gemisch aus Toilettenpapier und Abwasser über den ganzen Boden. Von ›Sich in die Arbeit stürzen‹ konnte überhaupt keine Rede sein.« Bald aber entsann sich KP-Mitglied Xu Hu der Volksmassen, die ihm vertrauten, und leistete zum Ruhme der Partei nicht nur ganze, sondern doppelte Arbeit. Zu tun gab es genug: Chinas Sanitärwesen leidet seit jeher unter chronischer Verstopfung.

Es war im Jahr 1985, als Xu Hu den Grundstein seines Ruhmes legte, oder vielmehr aufhängte: in Form dreier heute legendärer Briefkästen. Fortan fischte er jeden Abend um sieben Uhr die Hilferufe seiner Nachbarn aus den Holzkästen und machte sich schnurstracks auf den Weg, sie von ihrer Pein zu erlösen. Feierabend und Wochenende kannte er von da ab nicht mehr. »Meine Mühsal ist der Komfort von tausend Familien« war sein Wahlspruch. Und während sich seine Tochter am Neujahrsabend die Augen nach dem Vater ausweinte und die Ehefrau sich traurig allein in die Abtreibungsklinik begab, war Xu Hu unterwegs im Dienste der Volksverdauung. Woher wir das wissen? Aus Büchern und Comics, die Xu Hus Ruhm auch in die fernsten Winkel des Landes trugen.

Der Partei nämlich kam 1996 der selbstlose Xu Hu gerade recht. In einer landesweiten Kampagne wurde der Tüftler aus der Schanghaier Unterwelt zum Supermario der Arbeiterklasse aufgebaut. Die *Volkszeitung* füllte ganze Titelseiten, Schulfibeln erzählten sein Leben und bald eiferten »Tausend kleine Xu Hus« dem Klempner im ganzen Lande nach. Offensichtlich leidgeprüfte Dichter widmeten ihm Hymnen (»Xu Hu, wo bist du?«), im Puppentheater durften Xu-Hu-Darsteller mit wild gewordenen Kloschüsseln kämpfen.

Parteimitglied Xu Hu selbst wurde nie müde zu betonen, er sei doch »nur ein einfacher Mensch, der sorgfältig seiner Arbeit nachgeht.« Genau was die KP brauchte – in dieser verrückten Zeit, die aus Kommunisten Konsumisten gemacht hat. Im Streben nach dem großen Geld waren in Chinas Herrschaftsapparat alte Tugenden wie Genügsamkeit und Ehrlichkeit längst über Bord gegangen. Nun aber konnte die Partei ihrem Volk den »guten Menschen« Xu Hu präsentieren: endlich ein Mitglied der KP, das nicht Golf spielte, sondern Fußball, das nicht teuren Rotwein mit Eiswürfeln und Sprite mixte, sondern billigen Schnaps aus Sichuan trank. Nachtclubs, Huren und dicke Autos? Nicht dieser

Kommunist. Dass Xu Hu aus Schanghai kam, passte: Die Stadt war in ihrer Geschichte stets beiden Gegenpolen hold, erlag den Verlockungen des Kapitalismus ebenso wie immer wieder aufflackerndem revolutionären Eifer.

Xu Hu, der fleißige Arbeiter, nahm für seine Dienste nie Geld. Tausende Male wurde dem Volk Xu Hus berühmtester Spruch eingetrichtert: »Es reicht doch, wenn einer genug Geld hat, um über die Runden zu kommen.« »Von Xu Hu lernen«, lautete nun die Parole. Die *Volkszeitung* verdonnerte alle Kader dazu, »sich die Heldentaten des Genossen Xu Hu zum Vorbild zu nehmen.« Xu Hu war »die Sonne am Abend«, der »Regenfall zur rechten Zeit«. Die damals veröffentlichten Fotos zeigen Xu Hu mit Helm und Blaumann, oft schiebt er sein Fahrrad, das auf den Kosenamen »Panzer« hört.

Ein Zeitsprung, ein halbes Jahrzehnt nur, ins Schanghai des neuen Jahrhunderts. Der Herr, der uns empfängt, ist unruhig, blickt oft auf die Uhr. Er trägt Anzug und Krawatte und überreicht eine Visitenkarte, auf der steht: »Xu-Hu-Hausverwaltungs-Firma«. »Wir arbeiten unter Marktbedingungen«, doziert der Mann. »Wir müssen uns harter Konkurrenz stellen. Jede Firma ist nun auf sich selbst gestellt, muss Kosten und Profite gegeneinander aufrechnen.« Der Mann ist Direktor der Firma. Er sagt, er heiße Xu Hu.

140 Angestellte verwalten momentan 250.000 Quadratmeter Wohnfläche. Die Firma ist zwei Jahre alt, schon will sie expandieren, in die Hauptstadt. »Je größer wir werden, um so mehr können wir die Kosten reduzieren und den Profit steigern«, sagt der Herr und legt den kleinen Finger so auf die Krawatte, dass ein langer Fingernagel zum Vorschein kommt. Ein Fingernagel wie ihn in China

Leute tragen, die zeigen wollen: Ich verrichte keine körperlichen Arbeiten, ich bin etwas Besseres.

Moment mal. Kann das derselbe Mann sein? Der kommunistische Arbeiterheld plötzlich ein Vorzeige-Unternehmer? Armer Xu Hu. Muss solche Fragen parieren mit einem ideologischen Slalom, bei dem ihm zu Beginn selbst schwindlig wird. »Allein«, sagt er mit dünner Stimme, »könnte ich doch nie so viele gute Dinge tun. Meine Kräfte sind beschränkt. In einer Firma aber kann ich die Kräfte vieler Leute bündeln.« Und Gutes für die Gesellschaft tun: »Wir beschäftigen viele Arbeitslose.« Zudem befinde sich China doch gerade in der Übergangsphase von der Plan- zur Marktwirtschaft. »Ich wurde auch deshalb zum nationalen Modellarbeiter gemacht«, erklärt Xu Hu, »weil ich den Anforderungen dieser Phase entspreche.« Heute offenbar noch mehr als früher.

Dürfen wir Sie denn nun einen Kapitalisten nennen, Herr Xu? »Aber nein«, wehrt er ein wenig erschrocken ab. Xu Hu, das sei hier angemerkt, ist zwar offiziell der Boss der Firma, aber nur zum geringsten Teil ihr Eigentümer – drei Viertel des Kapitals kommt von Staatsbetrieben. Warum die ausgerechnet in ihn investiert haben? Jetzt gewinnt der Slalomläufer allmählich an Schwung: »Der Name Xu Hu hat nach all den Propagandaanstrengungen der Regierung ein gutes Image«, freut sich Xu Hu und deutet auf die Fotos an der Wand, auf denen ihm Staatspräsident Jiang Zemin die Hand schüttelt. »Er steht für harte Arbeit.« Dann sagt der Träger des guten Namens ohne mit der Wimper zu zucken: »Wir hoffen nun, dass er ein berühmter Markenname in der Immobilienbranche wird.« Der Arbeiterheld ein Immobilienhai?

Merchandising nennt man so etwas wohl. Wann

hat er denn das letzte Mal eigenhändig in eine Toilette gegriffen? »Ich sitze die halbe Zeit im Büro«, erklärt Xu Hu, »ansonsten gehe ich hinaus und treffe Leute. Schließe Freundschaften. Das ist wichtig in China.« Vor ideologischen Tabuwörtern hat er heute so wenig Scheu wie früher vor der Sauerei im Klo der Nachbarn. »Privatisierung« ist so ein Begriff, dem sie sich in Peking nur mit Handschuhen und Mundschutz nähern. Nicht Xu Hu. Privatisierung, führt er aus, sei der Trend der Zeit. »Das gilt fürs ganze Land«, sagt er und fügt dann vieldeutig hinzu: »Dem wird sich auch unsere Firma langfristig nicht entziehen können.«

Da sitzt er, Xu Hu, jongliert nicht mehr mit Rohrzange und Saugnapf, sondern mit Kapital und Profit. Wird dabei nicht rot vor revolutionärer Erregung, sondern vor freudiger Hingabe an die neue Zeit. Und nimmt im argumentativen Schlusshang die Tore so hart, dass die Slalomstangen wackeln: »Die Regierung hat immer gesagt ›Lernt von Xu Hu‹.« Er lehnt sich zurück und lässt die Parole einwirken. Dann der Angriff: »Sie kennen doch China – wenn ein Modellarbeiter ein hartes, spartanisches Leben führt, würde doch kein Mensch von ihm lernen wollen. Jeder will heute angenehm leben. Wenn ich Geld habe, dann kann ich eben mit meiner Familie auf die Insel Hainan in die Ferien fliegen.« Der verstorbene Landesvater Deng Xiaoping, ergänzt er, habe schließlich gesagt, ein kleiner Teil des Volkes dürfe vor allen anderen reich werden. »Das können auch Kommunisten sein. Und Modellarbeiter.« Quod erat demonstrandum.

»Die große Herausforderung«, gibt Xu Hu uns am Ende mit auf den Weg, »ist es, das Denken der Leute zu verändern.« Einer muss ja den Weg weisen.

Die zwei Leben des Dong Wei

Ein Drama mit doppeltem Vorhang

Die Hauptstadt, Ende April. Noch atmet der Todgeweihte, 1500 Kilometer entfernt. Der Rechtsanwalt weiß das, weil er die Familie am Handy hat: »Sie bringen ihn jetzt raus!«, hört er den Vater in den Hörer rufen. Der Anwalt ist in einem Büro in Peking, er schaut den Richter an, einen der mächtigsten Männer des Landes. »Schnell!«, flüstert er, fast tonlos. Dem Richter steht der Schweiß auf der Stirn, er wählt verzweifelt eine Nummer. Schon wieder ist es eine falsche. »Jetzt ziehen sie sich die Masken vors Gesicht, die Milizionäre ...«, hört der Anwalt den Vater schluchzen. »Es ist zu spät.« Das Herz des Anwalts rast, er sieht, wie der Richter in sein Telefon spricht.

Die Provinz Shaanxi, im Sommer. Karges, armes Land, beherrscht von jenem Ocker, nach dem dieses Volk sich das »gelbe« nennt: Löss. Die Menschen haben sich in ihn eingegraben, wohnen heute noch in Höhlen, die in steile Wände hineingehauen sind. Zur Kreisstadt geht man zwanzig Kilometer, zu Fuß. In den Feldern ein leichter Hügel, kaum auszumachen: Dieses Jahr gab es Regen, dem Himmel sei Dank, nun steht überall das fette Grün der *Sorgum*-Hirse, und läge zwischen den Schösslingen auf dem Hügel nicht dieser Ziegel – kein Mensch wüsste, dass er hier vor einem Grab steht. Es ist ein Seelenziegel, wie sie hier sagen, ein Personalausweis fürs Jenseits. »Dong Wei«, steht da, »27 Jahre alt, hat am 29. April 2002 wegen schwerer Krankheit sein Leben beendet«. Das Grab ist leer. Dong Wei war nie krank. Er wurde dem Henker vorgeführt an jenem 29. April 2002. Der Bauernsohn, Wachmann, Arbeitslose Dong Wei hatte einen Menschen erschlagen. »Mein braver Junge«, sagt der Vater, fassungslos.

Maifeiertag im Jahr zuvor in der Stadt Yan'an, ein fröhlicher Abend. Am Vortag erst hatte Dong Wei die hübsche Lehrerin kennen gelernt, nannte sie schon *Mei*, »Pfläumchen«. Dong Wei mochte nur die Volksschule besucht haben und sich gern einmal prügeln – aber er war groß und stattlich, die Mädchen himmelten ihn an. Tanzen wollten sie heute gehen. Am Eingang zur Tanzhalle hockte Song Yang, ein 19-Jähriger, der tagsüber Tanklaster fuhr. Pfläumchen ging schon hinein.

»Hey«, rief Song Yang, »überlass mir doch die Frau, dann besorg ich's ihr mal richtig«. So begann alles. Sie stritten. Song Yang nahm seinen Ledergürtel und zog ihn Dong Wei übers Gesicht. Der rannte weg. Song ihm nach. Am Ende lag Song Yang auf der Straße, den Schädel gespalten. Den Schlag mit dem Ziegel hatte Dong Wei geführt. So weit sind sich alle einig.

Das ist die Aussage Dong Weis: Ich rannte, Song Yang und seine Freunde holten mich ein, Song packte mich an den Haaren, drückte mich zu Boden, auf der Straße lag ein Ziegel, den nahm ich und schlug zu. Das Gericht brauchte nur zwei Stunden Verhandlung. Und entschied: »Vorsätzlicher Mord«. Der Angeklagte sei hinzurichten durch einen Genickschuss. Die Anwälte und Dongs Familie waren entsetzt. Vorsätzlicher Mord? War das nicht Notwehr? Hatte nicht der andere den Streit angefangen?

Aber noch atmete der Sohn, in einer Zelle. Der Vater klammerte sich an eine letzte Hoffnung: Jeder zum Tode Verurteilte hat in China das Recht auf ein Berufungsverfahren. So steht es in den Gesetzen, von denen der Bauer Dong Yuxiong gehört hat, obgleich er sie nicht lesen kann. Er machte sich auf den Weg nach Xi'an, in die Provinzhauptstadt, um jenen Anwalt aufzusuchen, von dem man sich in der Heimat große Dinge erzählte: Zhu Zhanping. Der alte Dong, dem 49 Jahre Buckelei und Armut die Züge eines Siebzigjährigen verliehen haben, wusste es nicht, aber in dem Moment, da er in seinen abgerissenen Kleidern die Schwelle zu Zhus Büro übertrat, da setzte er eine Geschichte in Gang, so unglaublich, dass das ganze Land nicht müde sein würde, sie wieder und wieder zu erzählen. Eine Geschichte, die den Anwalt Zhu Zhanping berühmt machen und Rechtsgeschichte schreiben würde: China sollte sich zum ersten Mal Gedanken machen über den gespenstischen Zug von Abertausenden, die es Jahr für Jahr aufs Schafott schickt. Und der Sohn, der von alledem nichts ahnend in der Todeszelle in Yan'an saß? Langsam, der Reihe nach.

Zhu Zhanping, der Anwalt: auch er ist ein Kind der gelben Erde, geboren nur zwanzig Kilometer von der Wohnhöhle der Dongs, auch er wächst in einer Höhle auf, was sich ungemütlicher anhört als es ist: »In der Sommerhitze ist es da drinnen schön kühl und im Winter kriecht die Kälte nicht herein«, erinnert sich Zhu. Die Kulturrevolution bringt Zhu um eine ordentliche Ausbildung, er arbeitet in einer Maschinenfabrik, repariert Traktoren und Wasserpumpen. Zhu wäre gern Schriftsteller geworden, bald darf er, immerhin, die Fabrikzeitung redigieren. Wie aber wird einer Rechtsanwalt in China? Und dann auch noch einer wie er, damals? Die Mutter, sagt er, die Mutter hatte ein Haus. Bis der mächtige Kader von nebenan neu baute. Privat. Und dafür das Haus der Mutter abreißen ließ. 1981 war das. Die Mutter machte den Fehler, sich in ihrer Verzweiflung vor ihr Haus zu stellen. Sie wurde krankenhausreif geprügelt. Der Sohn, wutentbrannt, zog vor Gericht. Zhus erster Prozess dauerte zehn Jahre – am Ende bekam die Familie Zhu einen Haufen Ziegel zugesprochen: die Überreste ihres Hauses. »Damals habe ich gelernt, was es heißt, Ungerechtigkeit zu erfahren«, sagt Zhu Zhanping, ein ruhiger, sanfter Mensch, dem man in jedem Satz anmerkt, wie gern er an eine gerechte Ordnung glauben würde. Auch deshalb hatte er sich während jenes Rechtsstreites in die Gesetze eingelesen. Genug, um 1986 an Chinas erster landesweiter Anwaltsprüfung teilzunehmen. Zhu bestand.

Zhu also sah sich Dong Weis Akte an, fuhr an den Tatort und kam sehr schnell zu dem Schluss: »Dieses Todesurteil ist falsch. Der Mann darf nicht sterben.« Das Gericht stützte sich auf einen einzigen Zeugen, dessen Aussage vor Widersprüchen strotzte. »Grob fahrlässig« fand Zhu Anklage und Urteil. Er schrieb einen Bericht und reichte ihn Ende Januar bei der nächsten Instanz ein: dem Höchsten Volksgericht der Provinz Shaanxi. »Ich war voller Zuversicht«, sagt Zhu. »Es ging doch um ein Menschenleben. Muss man da nicht äußerste Sorgfalt walten lassen?« Vom Gericht kam nie eine Antwort. Zhu fuhr vier-, fünfmal selbst hin. »Noch nichts«, wurde ihm beschieden. Rief an, unzählige Male. »Geduld«, hieß es. Zhu wartete. Einen Monat, zwei. Nie wurde eine neue Verhandlung anberaumt. Nie bekam er einen Richter zu Gesicht. Nie erfuhr er auch nur den Namen eines der Richter.

Was Anwalt Zhu zu dieser Zeit nicht wusste: Hinter den Kulissen war längst über das Schicksal seines Mandanten entschieden worden – nicht im Rahmen eines Gerichtsverfahrens, sondern im Rahmen einer von Peking diktierten Kampagne zur Verbrechensbekämpfung. Auch dieses erschreckende Detail machte der Fall Dong Wei öffentlich: In China wird exekutiert auf Bestellung. Die Zeitung *Südliches Wochenende* grub Monate später in Xi'an den Bericht des Richters Yang Zunfa aus (der Vorname bedeutet sinnigerweise: »Respekt vor dem Gesetz«), des stellvertretenden Obersten Richters am Provinzgericht Shaanxi: »Nachdem die Zentrale uns wichtige Instruktionen anlässlich der Kampagne ›Hart zuschlagen‹ erteilt hat«, zitiert die Zeitung Richter Yang, »hat die Parteizelle am Provinzgericht Shaanxi im April eigens zwei Sitzungen der Gerichtskommission anberaumt. Dort wurde nach Diskussion beschlossen, in insgesamt 60 Fällen 71 Menschen zum Tode zu verurteilen.«

Dong Wei war einer dieser 71. Kein Prozess hatte ihn zum Tod verurteilt – sondern eine Quote.

Anwalt Zhu prallte derweil wieder und wieder an unsichtbaren Mauern ab. Bis zu seinem Anruf am 27. April 2002: Wie? Er wisse noch nicht? Das Todesurteil gegen Dong Wei war bestätigt worden. Vor vier Tagen.

Zhu Zhanping erstarrte. Für einen Moment. Eilte nach Hause. Raffte alle Unterlagen zusammen, hetzte zum Bahnhof: »Einmal Liegewagen nach Peking«. Das Oberste Gericht! Nur Chinas höchste Richter konnten Dong Wei noch retten.

Der Zug kam am nächsten Morgen in Peking an. Zhu nahm ein Taxi zum Obersten Gericht, stürmte zum Tor – und wurde jäh gebremst: »Halt! Kein Zutritt!« Zhu erklärte, bettelte, es half nichts. Nur telefonieren durfte er. Aber auch das stellte sich als schwierig heraus: Die Richter waren mitten im Umzug, von einem Gebäude ins andere. Schließlich kam eine Beamtin ans Tor, um sein Dossier in Empfang zu nehmen. Sie versprach, man werde sich um die Sache kümmern. Zhu fiel ein Stein vom Herzen. »Ich dachte, jetzt könnte ich beruhigt zurück nach Hause fahren.«

Nachmittags um fünf ging er eine Kleinigkeit essen. Er hatte sich kaum gesetzt, als sein Handy klingelte. Dong Weis Vater. Er war außer sich, weinte. Man hatte ihn für den nächsten Morgen nach Yan'an bestellt, den Leichnam abholen: »Die Exekution ist um 10.30 Uhr.«

Es war zu spät, zurück zum Gericht zu gehen, Zhu musste bis zum nächsten Tag warten. Nutzlos verrannen die kostbaren Stunden, die Nacht tat er kein Auge zu. Stand im Morgengrauen wieder vor dem Tor. Wollte einen Beamten abpassen – aber die saßen alle in Limousinen, keine hielt. Der Wachmann war so abweisend wie gestern: »Das verlangt die Disziplin!«, schnauzte er Zhu an. Neun Uhr. Zhu wählte die Nummern von gestern – aber heute waren die Richter ins neue Haus gezogen, die Telefone waren noch alle abgeklemmt. 9.30 Uhr. Kein Anschluss. Sein Handy klingelt. Es ist wieder Dongs Vater, gerade treffen die Verurteilten am Hinrichtungsort ein. »Wir wissen«, sagt der Vater resigniert, »Sie haben Ihr Bestes getan.« 9.45 Uhr. Ein Passant kommt ins Pförtnerhäuschen, sagt, er wolle ins Gericht, die neuesten Bekanntmachungen abholen. Sicher, sagt der Pförtner, lassen Sie einfach Ihren Ausweis hier. Zhu schaut ihn ungläubig an. »Ich will mir auch ein Exemplar holen«, sagt er. Klar, antwortet der Uniformierte, Ihren Ausweis bitte.

Es ist 9.50 Uhr, als Zhu ins Büro des Dienst habenden Obersten Richters stürmt. Ohne anzuklopfen. Atemlos platzt er heraus mit seiner Geschichte. Richter Li Wuqing sitzt inmitten eines Chaos aus Kartons, Büchern, Computer.

Richter Li schickt sofort nach der Akte Dong Wei, versucht gleichzeitig die Verantwortlichen vor Ort zu erreichen. Li liest die Akte. »Sie haben Recht«, sagt er. Auch der Richter hat ein Handy. Bloß: Die Telefonnummern, die er jetzt bräuchte, sind alle im Computer. In dem Ding, das da in den Kartons steckt. »Himmel!«, fleht Zhu. Wieder klingelt Zhus Handy. Der Vater: »Jetzt ziehen sie sich die Masken vors Gesicht, die Milizionäre …« Er heult: »Es ist zu spät.« Richter Lis linke Hand wählt und wählt, seine rechte notiert neue Nummern. Li erreicht das Provinzgericht. 10 Uhr 24. Li wählt eine letzte Nummer. Die des Richters, der die Exekution überwacht. »Untersteht Ihnen der Fall Dong Wei?« – »Ja.« – »Ist der Schuss schon gefallen?«

Rechtsanwalt Zhu hört die Antwort nicht, er ist wie betäubt. Dann klingelt sein Handy, es ist der Vater: »Gerettet! Er ist gerettet!« Zhu Zhanping hat Tränen in den Augen, Richter Li wischt sich Schweißtropfen von der Stirn. Er hat einen Aufschub befohlen. Vier Minuten später, sagte der Beamte vor Ort, und es wäre zu spät gewesen. Vier Minuten.

Und so wurde es Sommer, und das Grab, das die Familie schon ausgehoben hatte, blieb leer, und der schon beschriftete Seelenziegel wurde nicht mehr gebraucht. Denn Dong Wei war nicht tot. Weil etwas geschehen war, was sie nun im ganzen Land ein Wunder nennen: dem Bauernsohn Dong Wei aus Zizhou war ein zweites Leben geschenkt worden.

Zhu Zhanping wird später sagen, in jenem Moment in Richter Lis Büro habe er »die Morgendämmerung eines Rechtsstaats« gesehen. Wenn jetzt schon Bauern ihr Recht suchen in China. Und es auch noch bekommen! Chinas Medien sahen darin ein Drama, wie es kein Hollywoodschreiber besser hätte erfinden können. Übers Internet verbreitete sich die Geschichte im ganzen Land, die Zeitungen sprangen auf. Nannten es die »Rettung vor dem Lauf der Pistole«, hießen sie bald »legendär« und priesen den tapferen Anwalt und den weisen Richter. Es sei endlich »Licht in unserer Justiz« zu sehen, schrieb das *Chinesische Handelsblatt* und nach einem Sommer erregter Diskussion konnte die Zeitung *Südliches Wochenende* feststellen: »Kein Kriminalprozess hat in unserem Land je solche Aufmerksamkeit erregt.«

Zhu Zhanping hatte einmal Schriftsteller werden wollen, in seiner Freizeit schreibt er noch immer Novellen, jetzt aber hatte er in einem kargen Winkel Chinas eine Geschichte ins Rollen gebracht, wilder als alle Fantasie. War es nur der Rechtsanwalt in Zhu, der sein Letztes gab, um ein Leben zu retten? Vor ein paar Jahren war Zhu etwas Merkwürdiges passiert: Er war Bergsteigen im Kunlun-Massiv, als schwere Gewitter ihn in einem Kloster festhielten. Zwei Tage lang unterhielt er sich mit einem Mönch über Buddhismus. Als er abstieg, sagt er, sei er nicht mehr der Alte gewesen.

Zhu hat zwei Söhne, beide haben sie Jura studiert – und keiner von ihnen möchte Rechtsanwalt werden. Das Beispiel des Vaters macht sie stolz, und schreckt sie ab. »Was mein Vater alles mitmachen muss: die Mühsal, der Druck von außen – nein danke«, sagt Zhu Xiaowen, der bald nach Deutschland aufbricht, um dort sein Jurastudium zu vertiefen. »Rechtsanwälte in China haben längst nicht den Status wie bei euch«, sagt er. »Sie kommen an unterster Stelle in unserem System. Da werde ich lieber Akademiker.« Dem Vater ist das recht: »Ich bin eine kleine Ameise und bewege nur ein Steinchen nach dem anderen«, sagt Zhu Zhanping. »Mein Sohn aber wird Lehrer, er soll einmal Einfluss über viele Menschen haben.«

Nur eine Ameise? Vielleicht. Aber wie jene Tierchen hat Zhu Zhanping etwas bewegt, das das Vielfache seines eigenen Gewichtes ausmacht. Das Drama um Dong Wei erwies sich schnell als Geschenk auch für all jene im Land, die sich schon lange Gedanken machten über ihr Rechtssystem. Es geschah Unerhörtes: Zum ersten Mal diskutierte China öffentlich und über Monate hinweg die Todesstrafe. »Gut möglich, dass der Fall Dong Wei einen gesellschaftlichen Wandel angestoßen hat«, sagt heute der Pekinger Strafrechtsprofessor Chen Xingliang.

Plötzlich konnte man in Chinas Zeitungen Sätze lesen wie: »Es gibt zu viele Todesurteile in unserem Land«. Oder: »Ist ein Menschenleben weniger wert als ein Hundeleben?«, denn ein Delinquent war wegen Diebstahls von sechs Rassehunden exekutiert worden. Die Pekinger *Nachrichtenwoche* brachte das Ungeheuerliche fertig, die Menschenrechtler von Amnesty International (AI) zu zitieren – nicht wie üblich als verschlagene China-Feinde, sondern zur Unterstützung der eigenen Argumente. »AI zählte im vergangenen Jahr 2468 Hinrichtungen in China«, unterrichtete das Magazin seine Leser. »China fällt mehr als neunzig Prozent aller Todesurteile weltweit.«

Die Wirklichkeit, das stand nicht in dem Artikel, ist noch monströser: AI zählt nur Fälle, die öffentlich wurden. »Natürlich stimmen die Zahlen von AI nicht«, sagt Professor Chen. Nein? »Es sind viel, viel mehr.« Wieviel mehr, das weiß auch der Professor nicht, die Zahlen sind strengstes Staatsgeheimnis. Das neue, in Amerika veröffentlichte Buch »Die vierte Generation« – Werk eines anonymen KP-Insiders – behauptet, von 1998 bis 2001 habe China 15.000 Menschen exekutiert – pro Jahr. 15.000 Kugeln in 15.000 Hinterköpfe.

Es gibt mittlerweile einzelne mutige Stimmen in China, die öffentlich die Abschaffung der Todesstrafe fordern. Chen Xingliang gibt jedoch die Mehrheitsmeinung unter Chinas Juristen und Akademikern wieder, wenn er sagt, für eine Abschaffung sei die Zeit in China noch nicht reif, man müsse jedoch dringend die Auswüchse beschneiden. In den USA steht die Todesstrafe auf Mord und nichts anderes, China kennt jedoch 68 Delikte, die mit dem Tod bestraft werden. Es werden zum Beispiel Menschen hingerichtet, weil sie Steuerquittungen gefälscht haben. »Viele legen erst nach Folterungen ein Geständnis ab«, schreibt AI, »andere sind Analphabeten, die den Prozess überhaupt nicht verstehen«.

Die meisten sterben einfach deshalb, weil die Politik es will. China befindet sich gerade inmitten einer historischen, oft chaotischen Umwälzung. Die Kriminalität nimmt zu. »Der Rachegedanke«, sagt Rechtsanwalt Zhu, »ist im Volk noch sehr ausgeprägt«. Die meisten Bürger, sagt auch Professor Chen, fühlten sich heute unsicher: »Sie wollen eher mehr Todesurteile als weniger.« Die Herrscher lassen sich nicht zweimal bitten. Wollen zeigen, dass sie streng durchgreifen und haben vor zwei Jahrzehnten die Kampagne »Hart zuschlagen« erfunden. In regelmäßigen Abständen schwillt die Zahl der Hinrichtungen an. Besonders gern vor Feiertagen oder vor wichtigen Kongressen. Kurz vor dem 16. Parteitag wurden aus dem ganzen Land wieder Gruppenexekutionen gemeldet, allein in der Provinz Henan waren es an einem Freitag 17 Menschen.

Eigentlich ist das Höchste Gericht in Peking die letzte Instanz für jedes Todesurteil im Lande. Das Gericht hat dieses Recht aber fast nie wahrgenommen, sondern schon vor Jahren an untere Gerichte abgegeben – weil es schlicht zu viele Todesurteile sind. Und was bedeutet das in der Praxis? »Dass dieselben Leute, die die Todesurteile in der unteren Instanz fällen, ihr eigenes Urteil noch einmal überprüfen sollen«, sagt Chen.

Auch Dong Wei musste das erfahren, nach seiner wundersamen Rettung. Die Geschichte nämlich ist noch nicht zu Ende. Das Höchste Gericht befahl also eine neue Untersuchung seines Falles. Mit der Untersuchung aber beauftragte es – die Richter in der Provinz Shaanxi. Dieselben Richter, die Dong Wei eben erst in den Tod hatten schicken wollen. »Ich verstehe das nicht«, sagt Rechtsanwalt Zhu, »ich verstehe es auch heute noch nicht.«

In Dong Weis Zelle fand man hernach ein Tagebuch. Darin stehen die Sätze: »Was macht es schon für einen Unterschied, ob ich von selbst sterbe oder ob ihr mich sterben lasst? Das Leben ist nichts als eine Niederlage nach der anderen.«

Yan'an, an einem kalten Herbsttag. Der Vater bekommt drei Minuten mit seinem Sohn. Der Milizionär zieht sich die Gazemaske über den Mund. Zielt auf Dong Weis Hinterkopf. Drückt ab.

Das falsche Leben

Warum der chinesische Bauer Xu so gern wieder Italiener wäre

Xu Xiangshun war drei Jahre alt, als er geboren wurde. 41 Tage dauerte die Überfahrt von Italien nach China. Tage, in denen der Knabe Aloise Giusti starb und Xu Xiangshun auf die Welt kam. *Xiangshun*: »Glückverheißend und günstig« bedeutet der Name. Im Frühjahr des Jahres 1946 legte der Dampfer bei der Stadt Wenzhou an. An Land gingen eine Mutter, ein Stiefvater und ein Sohn, dazu bestimmt, ein armer chinesischer Bauer zu sein. Zu hungern und zu kämpfen. Süßkartoffeln zu pflanzen und Schlangen zu erlegen. Für den Vorsitzenden Mao in die Schlacht zu ziehen und für den Aufbau des Landes beide Hände zu opfern. In einer Gegend so malerisch wie hart und bettelarm.

Dies ist die Geschichte des chinesischen Bauern Xu Xiangshun. Der einmal Italiener war. Der grüne Augen hat und graue Bartpracht und um die sich mächtig vorstreckende Nase ein sonnengegerbtes Faltenspiel, als hätte er sein Lebtag ligurische Felder bestellt. Xu Xiangshun aber kennt nicht den Geschmack von Olivenöl und nicht das Aroma von frisch gepflücktem Basilikum. Er hat im letzten Jahr das erste Mal mit Messer und Gabel gegessen, da war er 57 Jahre alt. Er spricht kein Wort Italienisch, ja, nicht einmal Hochchinesisch, lediglich den lokalen Dialekt. Ein Bauer, der sein Leben lang nicht aus dem Dorf Shen'ao rausgekommen ist. Der aber so gern wieder Italiener wäre.

Die Mutter: Alcide Giusti. Eine hübsche Frau

aus Bagnarola bei Mailand, die gegen Ende des Krieges Arbeit fand in einer Textilfabrik in Norditalien. Sie musste denken, einen guten Fang gemacht zu haben: Der Fabrikbesitzer versprach ihr die Ehe, obwohl sie einen kleinen Sohn mitbrachte – Aloise. »›Dein wirklicher Vater ist im Krieg gefallen‹, hat sie mir immer wieder erzählt.« Sie heiratete ihren Chef am 12. Dezember 1945. In Europa zog gerade der Frieden ein.

Der Chef, der neue Vater: Xu Dingfu. Ein stattlicher Mann, Einwanderer aus China. Er hatte sich hochgeschuftet vom Tagelöhner zum Fabriksbesitzer und eigentlich nicht vor, sein neues Leben in Italien wieder einzutauschen gegen die Armut seiner Heimat. Bis der Brief kam. Aus China: Dein Vater ist tot, Xu Dingfu, komm schnell nach Hause zur Beerdigung. Er verschleuderte seine Fabrik und packte seine neue Familie auf ein Schiff. Als sie in Wenzhou von Bord gingen, stand der Vater am Kai, quicklebendig. Er hatte ihn reingelegt. Nun ließ er ihn nicht mehr ziehen, seinen einzigen Sohn, den künftigen Hüter des Ahnenaltars.

Das Dorf: Shen'ao, gottverlassen. Poeten berauschten sich am »jungfräulichen Grün« in der Gegend des Pflaumen-Regen-Sees. Die Bauern dort hatten kaum etwas zu essen, 1946 schon gar nicht. Bürgerkrieg verheerte das Land, marodierende Truppen plünderten die Dörfer. Xu Dingfu kaufte ein wenig Land, da war sein Geld auch schon weg. Der Fabrikbesitzer war nun wieder Bauer und die Mailänderin Alcide Giusti Bauersfrau. Dort, wo China sich mit dem Pazifik trifft. Wo die Smarten unter den Bewohnern selbst nur eines im Kopf hatten: Abhauen. Die Mutter hasste es. Das im Mittelalter verharrende Dorf, das Essen, den bösen Schwiegervater, der sie mit der langen Pfeife schlug, vor den Augen des kleinen Aloise, oder nein – des kleinen Xiangshun. Ihr Mann zerbrach die Pfeife.

Kuhai, sagen die Chinesen: ein Meer der Bitternis. Die Mutter wollte fliehen. Bei jedem Gang aufs Klo wurde ihr übel. Stundenlang schrubbte sie den Holzabtritt, die anderen Dorfbewohner wunderten sich über die seltsame weiße Frau, deren Kopf man oft im Abort stecken sah. Es half nichts. Auch als die Soldaten einbrachen und die Mutter ausraubten, wollte Xu Dingfu sie noch nicht gehen lassen. Mao Zedong rief die Gründung des kommunistischen China aus. Ihr Mann blieb störrisch. Die Mutter gebar ihm noch eine Tochter und wurde zusehends schwächer. Briefe der Großmutter trafen ein: Ich beschwöre euch, um Himmels willen, kommt zurück nach Italien. Nach Jahren des Streits schließlich willigte Xu ein. Da war die Mutter schon krank.

Als sie im August 1951 starb und am Drachenrückenberg im Dorf Shen'ao begraben wurde, da war sie 34 Jahre alt. Ihr Sohn war acht. Er sprach schon lange kein Italienisch mehr.

Xu Xiangshun ist ein harter Mann, herzlich zu den Gästen, barsch zur eigenen Frau. Tief und kurz sein Lachen, karg seine Rede. Wurde er verspottet, schikaniert von den anderen Kindern? »Ja.« Was hat er ihnen erwidert? »Nichts. Ich habe sie verprügelt.« Das machte auch Eindruck. Der Stärkste war er, schlug gar den Lehrer. In der Dorfschule hielt es ihn keine zwei Jahre, die Bücher zerriss er. Lesen und Schreiben kann er bis heute nicht.

Er hütete Schafe und Kühe und tauchte im Fluss nach Krebsen und Wasserschnecken. Wo ein anderer fünfzig Kilo Mais einbrachte, schleppte er das Dreifache. Trotzdem bekam der andere zehn Arbeitspunkte von der Kommune gutgeschrieben und er nur acht. »Arbeit hab ich nie gefürchtet«, sagt er. »Nur den Hunger«. Es waren elende Jahre. Mao Zedong verordnete seinem Land den »Großen Sprung nach vorne« – daraufhin verreckten Millionen von Menschen, fraßen zuletzt Stroh und Baumrinde. »Mao war gut«, findet Xu Xiangshun dennoch. Er ist für ihn sogar ins Feld gezogen, später, in dem Wahnsinn, der »Kulturrevolution« hieß. Mao-Jünger und Anhänger des Rivalen Lin Biao schossen sich gegenseitig tot. Die Armee gab ihnen Gewehre und mehr: »Da bekam man endlich etwas zu essen«, erinnert sich Xu.

Einer von ihnen wurde er nie. Wenn man heute im Dorf nach ihm fragt, sagen sie: »Ach, der Ausländer.« Nach einem ganzen Menschenleben. Immerhin, sie sagen es voller Respekt. Den hat er sich erarbeitet, als unerschrockener Sprengmeister beim Bau der ersten Straße hinüber in die Stadt. Eine kleine Legende ist er auch: Drei Kinder hat er vor dem Ertrinken gerettet, ein Mädchen vor dem Verbluten auf der Straße. Besonders gern erzählen sie im Dorf die Geschichte mit der Schlange: Wie Xu einmal durchs Gestrüpp streifte. Wie sich plötzlich eine *Wuqiao*-Natter um seine Beine schlang, »sechsmal«, berichtet Lehrer Zhang ehrfürchtig, so dass selbst der Bulle Xu sich nicht mehr bewegen konnte und mit einem Mal dem Schlangentier in die funkelnden Augen blickte. Wie er ihren Kopf packte, sich kurzentschlossen nach hinten auf den Hang fallen ließ – und seitwärts den Berg hinab kullerte. Als er unten ankam, war die Schlange tot, erschlagen. Xu wickelte sie ab – und trug sie schnurstracks zum Markt. 14 Kilo wog sie und brachte 68 Yuan, das war eine stolze Summe 1980.

Die Ausländerhatz der Kulturrevolution verschonte den abgelegenen Flecken, keiner erklärte

Xu zum Spion oder Verräter. Xus Leiden war mehr privater Natur – kein Mädchen im Dorf wollte ihn. Wie komisch der auch aussah mit seiner weißen Haut und der Riesennase. Arm war er und prügeln tat er sich auch ständig. Die Stiefmutter erbarmte sich schließlich seiner und vermittelte ihm ihre Nichte. Die heulte tagelang, aber es half nichts: »Mein Vater hat mich gezwungen, ihn zu heiraten«, erzählt sie. »Meine Freundinnen waren entsetzt. Was für ein bitteres Los.« Die Geschichte der beiden hat kein Happy End. Xus Frau grämt sich heute kaum weniger als damals. Das neue Haus – drei Stockwerke kahler Beton, an der Wand des Wohnzimmers ein Hochglanzkalender voller »Autos und Schönheiten« – tröstet sie nicht. Sie setzt an zu einem Redeschwall, der erst nach zehn Minuten abbricht: »Armut und Bitterkeit, das war unser Leben. Ist es das Schicksal, das es mit diesem Ausländer« – sie deutet auf ihren Mann – »so hart meint? Aber er glaubt ja auch an nichts, er opfert nicht der Guanyin und betet nicht zu Gott. Hat das all unser Unglück eingeladen?«

All das Unglück. Der Tod der ältesten Tochter, die schwanger die Treppe hinabstürzte. Der Verkehrsunfall, der Xu ins Koma schickte. Die Explosion, die ihm acht Finger abriss. Drei ließ er sich wieder annähen, ohne Narkose, aber aufs Feld kann er nun nicht mehr. Um sich die Zeit zu vertreiben, leitet Xu seit seinem Unfall den Seniorenklub des Dreitausend-Seelen-Weilers, er singt dort Peking- und Kanton-Oper.

Die Stiefmutter weiß etwas zu Schicksal und Unglück zu sagen, die Chinesin, die der Vater nach dem Tod seiner italienischen Frau heiratete. Vor ein paar Jahren nahm sie den Namen Shi Qixin an, wurde buddhistische Nonne, Vorsteherin des Dorftempels gar. Sie ist heute 86, hört kaum noch. In ihrem schweren dunklen Mantel und einer Strickkappe steht sie im Tempelraum und rollt zwischen den Fingern der einen Hand Holzperlen an einer langen Kette, murmelt dabei unablässig das Wort »Amituofo«. Das ist der Buddha des westlichen Paradieses, den alle Trostsuchenden in China anflehen, er möge sie erlösen.

Sie hat Xiangshun groß gezogen, die beiden mögen sich sehr: »Er war ein braves Kind. Nur einmal war er unartig« – jetzt kichert sie – »da hat er sich eine andere Frau gesucht.« Xu streckt unwillkürlich die Zunge raus, grinst, verlegen und erkennbar stolz zugleich. Die alte Nonne erinnert sich an ein Bild, das die verstorbene Mutter hinterlassen habe, leider habe man es in der Kulturrevolution verbrennen müssen: »Es zeigte Maria, diese Frau, die Jesus geboren hat.« Lachend macht sie die Geste eines dicken Bauches. »Um Unglück zu bannen«, zitiert die Stiefmutter dann buddhistische Verse, »muss man ein gutes Herz haben. Wer aber eine Katastrophe überlebt, dem winkt großes Glück in der Zukunft.«

Die Zukunft. Italien? »China ist nicht meine Heimat«, sagt Bauer Xu Xiangshun. »Wenn ich Schmerz fühle, dann schließe ich die Augen und denke an meine Mutter und an Italien, obwohl ich gar nicht weiß, wie es da aussieht. Aber ich denke, ich würde mich da sofort zu Hause fühlen. Hätte ich eine Chance, ich würde nach Italien gehen und nie mehr nach China zurückkommen. Mein ganzes Leben lang wollte ich zurück. Ich habe meinen Vater dafür gehasst, dass er mich nicht hat gehen lassen.« Der Vater hatte sie noch, die ganzen alten Dokumente: die Geburtsurkunde des kleinen Aloise, die Hochzeitsurkunde aus Italien – aber er hatte sie versteckt, all die Jahre, in einem hohlen Ziegel in der Mauer des Hauses.

Erst nach dem Tod des Vaters 1993 entdeckte Xu das Versteck. Und erst Jahre nach der Entdeckung wusste er, der Analphabet, was er mit den Papieren anfangen sollte. Im letzten Jahr war Xu beim italienischen Konsulat in Schanghai, gemeinsam mit Zhang Yi, dem Lehrer einer nahen Schule, der sich entschlossen hatte, dem verlorenen Sohn zu helfen. Das Konsulat sagt, die Lage sei »kompliziert«. Eventuelle Verwandte in Italien hätten ein »Recht auf Privatsphäre«. In Wirklichkeit haben die Beamten Schiss, wenn sie Xu Dinge sagen hören wie »Ich habe eine so große Familie, und wir würden gern einmal alle zusammen Italien sehen.« Ein Diplomat sagt gar: »Nur Gott weiß, ob der Mann wirklich hundert Prozent Italiener ist.« Xus Frau sagt dazu bitter lachend: »Was für ein großer Witz! Die falschen Italiener von Wenzhou sind alle längst in Italien und der einzig echte darf nicht.«

Tatsächlich stammt ein Großteil der Chinesen in Italien von hier, aus der Gegend um Wenzhou. Für zwanzigtausend Euro kann man sich nach Europa schmuggeln lassen, Italien ist das bevorzugte Ziel, selbst der Sohn von Xus Schwägerin ist schon dort, schuftet als Illegaler in einer Mailänder Textilfabrik. Erlaubt sich die Geschichte einen bösen Spaß mit Xu? »Die Leute im Dorf lachen uns aus«, seufzt sein Sohn Xianxiao: »›Was seid ihr dumm‹, sagen sie. ›Dort kann man eine Menge Geld machen.‹« Der Sohn ist kein Bauer mehr, er arbeitet als Wachmann in einer Schuhfabrik: Dem Kreis geht es mittlerweile nicht schlecht, die Wenzhouer sind ein rühriger Schlag, die, die noch nicht abgehauen sind, stellen einen Betrieb nach dem anderen in die Felder. Kamine rauchen, der Dorfbach dampft vor

Fabrikexkrementen, das nennt man wohl Fortschritt.

Xu Xiangshun macht jetzt auch ein wenig Geld, er hat einen neuen Job, seit zwei Wochen. Eine gerade eröffnete Englisch-Schule im Nachbarort wirbt damit, sie habe einen echten Lehrer aus Europa. Das ist Xu Xiangshun. Xu schlüpft in seinen verschlissenen Anzug, den einzigen, fährt in die Schule, setzt sich im Gang in eine Ecke und lässt mit gemessenem Blick die Schüler an sich vorbeiziehen. Dafür bekommt er zwanzig Yuan, zwei Euro fünfzig. Eines haben sie ihm dort eingeschärft: Auf keinen Fall darf er den Mund aufmachen, der bärtige Mann mit den grünen Augen und der großen Nase, der nur den Wenzhou-Dialekt spricht und jetzt wieder Aloise heißt, drei Vormittage die Woche.

Postskriptum

Dieses Buch ist die Fortsetzung der Lesereise »Atmen einstellen, bitte! Pekinger Himmelsstürze« und versteht sich als Einheit mit ihr. Die meisten Texte sind in der *Süddeutschen Zeitung* erschienen, wurden jedoch ergänzt und aktualisiert. Sie wären nie geschrieben worden ohne die Hilfe vieler Freunde und das Vertrauen all der enthusiastischen, offenen Menschen, die mir ihr Herz ausschütteten, obwohl sie mich zum ersten Mal sahen. »Wer hört uns sonst schon zu?«, sagte mir einmal ein Bauer im Wüstenland von Ningxia.

Für den schreibenden Beobachter ist China ein Traum: Er wacht jeden Morgen auf inmitten einer solchen Fülle von Geschichten, dass es fast schmerzt, sich für eine entscheiden zu müssen, weil das bedeutet, auf alle anderen zu verzichten – ein Ozean von Schicksalen, deren Leben in diesem Land oft alles andere ist als traumhaft. China ist freier geworden und bunter, darüber sollte man die Menschen nicht vergessen, die ihrer Geburt in dieses Volk hinein noch immer ihr täglich Maß an Bitterkeit verdanken. Es sind noch viel zu viele.

Ihnen ist dieses Buch gewidmet.